CONTEÚDO DIGITAL PARA ALUNOS
Cadastre-se e transforme seus estudos em uma experiência única de aprendizado:

1 Entre na página de cadastro:
https://sistemas.editoradobrasil.com.br/cadastro

2 Além dos seus dados pessoais e dos dados de sua escola, adicione ao cadastro o código do aluno, que garantirá a exclusividade do seu ingresso à plataforma.

5253323A4589172

3 Depois, acesse: https://leb.editoradobrasil.com.br/
e navegue pelos conteúdos digitais de sua coleção :D

Lembre-se de que esse código, pessoal e intransferível, é valido por um ano. Guarde-o com cuidado, pois é a única maneira de você acessar os conteúdos da plataforma.

Editora do Brasil

Denise Bigaiski
- Licenciada em Ciências Biológicas pela Universidade Federal do Paraná (UFPR)
- Pós-graduada em Magistério Superior
- Professora do Ensino Fundamental

Lilian Sourient
- Licenciada em Ciências Sociais pela Universidade Federal do Paraná (UFPR)
- Professora do Ensino Fundamental

CIÊNCIAS

Palavra de origem africana que significa "contador de histórias, aquele que guarda e transmite a memória do seu povo".

São Paulo, 2019
4ª edição

Dados Internacionais de Catalogação na Publicação (CIP)
(Câmara Brasileira do Livro, SP, Brasil)

Bigaiski, Denise
  Akpalô ciências 2º ano / Denise Bigaiski, Lilian Sourient. – 4. ed. – São Paulo: Editora do Brasil, 2019. – (Coleção akpalô)

  ISBN 978-85-10-07389-9 (aluno)
  ISBN 978-85-10-07390-5 (professor)

  1. Ciências (Ensino fundamental) I. Sourient, Lilian. II. Título. III. Série.
  19-26256   CDD-372.35

Índices para catálogo sistemático:
1. Ciências : Ensino fundamental 372.35
Iolanda Rodrigues Biode - Bibliotecária - CRB-8/10014

4ª edição / 2ª impressão, 2024
Impressão e acabamento
Lar Anália Franco (Grafilar Centro Profissionalizante Gráfica e Editora)

Avenida das Nações Unidas, 12901
Torre Oeste, 20º andar
São Paulo, SP – CEP: 04578-910
Fone: +55 11 3226-0211
www.editoradobrasil.com.br

© Editora do Brasil S.A., 2019
Todos os direitos reservados

Direção-geral: Vicente Tortamano Avanso

Direção editorial: Felipe Ramos Poletti
Gerência editorial: Erika Caldin
Supervisão de arte e editoração: Cida Alves
Supervisão de revisão: Dora Helena Feres
Supervisão de iconografia: Léo Burgos
Supervisão de digital: Ethel Shuña Queiroz
Supervisão de controle de processos editoriais: Marta Dias Portero
Supervisão de direitos autorais: Marilisa Bertolone Mendes

Supervisão editorial: Angela Sillos
Coordenação pedagógica: Josiane Sanson
Edição: Ana Caroline Rodrigues de M. Santos
Assistência editorial: Camila Marques
Auxílio editorial: Luana Agostini
Copidesque: Giselia Costa, Ricardo Liberal e Sylmara Beletti
Revisão: Alexandra Resende, Andréia Andrade, Elaine Silva e Martin Gonçalves
Pesquisa iconográfica: Daniel Andrade e Tatiana Lubarino
Assistência de arte: Josiane Batista e Letícia Santos
Design gráfico: Estúdio Sintonia e Patrícia Lino
Capa: Megalo Design
Imagens de capa: adogslifephoto/iStockphoto.com, Rawpixel/iStockphoto.com e warrengoldswain/iStockphoto.com
Ilustrações: Cibele Queiroz, Confor-Pedro, Dam Ferreira, Dawidson França, Eduardo Belmiro, Fabiana Salomão (abertura de unidade), Fábio Nienow, Giz de Cera, Henrique Machado, João P. Mazzoco, Karina Faria, Kau Bispo, Marcos de Mello, Michel Borges, Milton Rodrigues, Paulo César Pereira, Paulo Manzi, Rafael Herrera, Reinaldo Vignati, Robson Olivieri Silva, Rogério Rios e Romont Willy
Coordenação de editoração eletrônica: Abdonildo José de Lima Santos
Editoração eletrônica: Adriana Tami, Armando F. Tomiyoshi, Elbert Stein, Gilvan Alves da Silva, José Anderson Campos, Sérgio Rocha, Talita Lima, Viviane Yonamine, William Takamoto e Wlamir Miasiro
Licenciamentos de textos: Cinthya Utiyama, Jennifer Xavier, Paula Harue Tozaki e Renata Garbellini
Controle de processos editoriais: Bruna Alves, Carlos Nunes, Rafael Machado e Stephanie Paparella

QUERIDO ALUNO,

ESTE LIVRO FOI PENSADO E PRODUZIDO PARA VOCÊ, QUE SENTE PRAZER EM CONHECER CADA VEZ MAIS O MUNDO EM QUE VIVEMOS.

AO UTILIZÁ-LO, COM A ORIENTAÇÃO DO PROFESSOR, VOCÊ APRENDERÁ MUITAS COISAS SOBRE O AMBIENTE, OS ANIMAIS E AS PLANTAS, E TAMBÉM SOBRE OS MATERIAIS E OBJETOS QUE USAMOS NO DIA A DIA.

ALÉM DISSO, CONHECERÁ A IMPORTÂNCIA DO RESPEITO À NATUREZA E VÁRIAS ATITUDES QUE PREVINEM ACIDENTES E NOS AJUDAM A VIVER COM MAIS SEGURANÇA.

PARA QUE TUDO ISSO ACONTEÇA, ESTEJA ATENTO AO QUE O PROFESSOR E OS COLEGAS DIZEM, FAÇA PERGUNTAS, BUSQUE APRENDER E SEJA CRÍTICO. PARTICIPE DOS TRABALHOS EM EQUIPE E DISCUTA AS IDEIAS, RESPEITANDO A OPINIÃO DE TODOS.

SUA ATUAÇÃO PODE FAZER A DIFERENÇA PARA TORNAR O MUNDO MELHOR E MAIS JUSTO!

APROVEITE BEM ESTE ANO!

AS AUTORAS

SUMÁRIO

UNIDADE 1
OS AMBIENTES 6

CAPÍTULO 1: COMPONENTES DO AMBIENTE 8
OBSERVANDO UM AMBIENTE 8
O QUE HÁ NO AMBIENTE? 9

CAPÍTULO 2: DIFERENTES AMBIENTES 12
MONTANDO UM AMBIENTE 12
OS DIFERENTES AMBIENTES 13
> **#DIGITAL:** IMAGENS ANTIGAS NA INTERNET 14

CAPÍTULO 3: O SOL E AS SOMBRAS 16
OBSERVANDO AS SOMBRAS 16
COMO AS SOMBRAS SE FORMAM? 18

CAPÍTULO 4: O CALOR DO SOL 20
O QUE AQUECE MAIS? 20
O CALOR DO SOL NO AMBIENTE 22

> **HORA DA LEITURA:** TEATRO DE SOMBRAS 24
> **CIÊNCIAS EM AÇÃO:** A DEFESA DO AMBIENTE 25
> **REVENDO O QUE APRENDI** 26
> **NESTA UNIDADE VIMOS** 28
> **PARA IR MAIS LONGE** 29

UNIDADE 2
OS ANIMAIS E O AMBIENTE 30

CAPÍTULO 1: OS ANIMAIS 32
MEU ANIMAL DE ESTIMAÇÃO 32
ANIMAIS DOMESTICADOS E ANIMAIS SILVESTRES 33

CAPÍTULO 2: CONHECENDO MAIS OS ANIMAIS 36
OBSERVANDO OS ANIMAIS 36
ANIMAIS E SEUS AMBIENTES 37
CARACTERÍSTICAS DOS ANIMAIS 41
O DESENVOLVIMENTO DOS ANIMAIS 42

CAPÍTULO 3: ANIMAIS EM EXTINÇÃO 44
O QUE MUDOU? 44
ANIMAIS AMEAÇADOS DE EXTINÇÃO 45

CAPÍTULO 4: SERES HUMANOS TAMBÉM SÃO ANIMAIS 48
SEMELHANÇAS E DIFERENÇAS 48
SEMELHANÇAS E DIFERENÇAS ENTRE AS PESSOAS 49
COMO NASCEM OS SERES HUMANOS 51
SAÚDE É UM DIREITO DE TODOS! 58

> **COMO EU VEJO:** ANIMAIS DE ESTIMAÇÃO ... 64
> **COMO EU TRANSFORMO:** NOSSA RELAÇÃO COM OS ANIMAIS 66

> **HORA DA LEITURA:** SE EU FOSSE UM BICHO ... 67
> **REVENDO O QUE APRENDI** 68
> **NESTA UNIDADE VIMOS** 70
> **PARA IR MAIS LONGE** 71

UNIDADE 3
AS PLANTAS E O AMBIENTE 72

CAPÍTULO 1: AS PLANTAS 74
MURAL COM FOLHAS 74
PLANTAS E SEUS AMBIENTES 75
A IMPORTÂNCIA DAS PLANTAS 76

CAPÍTULO 2: AS PLANTAS E SUAS PARTES 78
RECORDANDO NOMES DE PLANTAS 78
PARTES DAS PLANTAS E SUAS FUNÇÕES 79
PLANTAS E ALIMENTAÇÃO 80

CAPÍTULO 3: DESENVOLVIMENTO DAS PLANTAS 82
BONECO DE ALPISTE 82
DE QUE AS PLANTAS PRECISAM? 85
O DESENVOLVIMENTO DAS PLANTAS 86

CAPÍTULO 4: RELAÇÕES NA NATUREZA 88
TEIA DE RELAÇÕES 88
TUDO ESTÁ RELACIONADO 89
> **#DIGITAL:** PESQUISA DE IMAGENS 91

> **HORA DA LEITURA:** FORA DE CONTROLE 92
> **CIÊNCIAS EM AÇÃO:** O TRABALHO COM AS PLANTAS 93
> **REVENDO O QUE APRENDI** 94
> **NESTA UNIDADE VIMOS** 96
> **PARA IR MAIS LONGE** 97

UNIDADE 4
MATERIAIS, CUIDADOS E INVENÇÕES 98

CAPÍTULO 1: PROPRIEDADES DOS MATERIAIS ... 100
MATERIAIS E SUAS UTILIDADES 100
CONHECENDO DIFERENTES MATERIAIS 101
OS MATERIAIS E A PASSAGEM DA LUZ 102

CAPÍTULO 2: PREVENÇÃO DE ACIDENTES 104
CAMINHO SEGURO 104
CUIDADOS NO USO DE OBJETOS E MATERIAIS 105

CAPÍTULO 3: POR QUE AS PESSOAS INVENTAM COISAS? 108
INVENTAR PARA RESOLVER PROBLEMAS 108
INVENÇÕES FACILITAM A VIDA 109

CAPÍTULO 4: AS INVENÇÕES NA VIDA DAS PESSOAS 112
INVENÇÕES NA COMUNICAÇÃO 112
INVENÇÕES AJUDAM AS PESSOAS 113
> **COMO EU VEJO:** EVITANDO ACIDENTES 116
> **COMO EU TRANSFORMO:** ACIDENTES: É MELHOR PREVENIR 118

> **HORA DA LEITURA:** PEDRA, PAPEL E TESOURA 119
> **REVENDO O QUE APRENDI** 120
> **NESTA UNIDADE VIMOS** 122
> **PARA IR MAIS LONGE** 123

ATIVIDADES PARA CASA 124
REFERÊNCIAS 140
ENCARTES 141

UNIDADE 1
OS AMBIENTES

- DESCREVA O AMBIENTE REPRESENTADO NA IMAGEM.
- QUAIS COMPONENTES DESSE AMBIENTE SÃO FUNDAMENTAIS PARA A VIDA?
- QUAL PERÍODO DO DIA É MOSTRADO NA IMAGEM? O QUE VOCÊ OBSERVOU PARA DAR ESSA RESPOSTA?

CAPÍTULO 1
COMPONENTES DO AMBIENTE

OBSERVANDO UM AMBIENTE

MUITAS PESSOAS NÃO PRESTAM A ATENÇÃO NECESSÁRIA AO AMBIENTE A SEU REDOR. ASSIM, DEIXAM DE NOTAR MUITA COISA INTERESSANTE...

E VOCÊ, COSTUMA ESTAR ATENTO AO AMBIENTE?

1. PARA ESTA ATIVIDADE VOCÊ IRÁ PRECISAR DE: UMA FOLHA DE PAPEL AVULSA, LÁPIS E BORRACHA.

2. VÁ, COM O PROFESSOR E OS COLEGAS, AO JARDIM DA ESCOLA OU A UMA PRAÇA.

3. CHEGANDO LÁ, OBSERVE TUDO AO REDOR. PERCEBA AS FORMAS, AS CORES, OS CHEIROS E OS SONS.

4. DESENHE PARTE DO AMBIENTE EM UMA FOLHA AVULSA.

KAU BISPO

◎ Olho vivo!
LEVE O CADERNO OU O LIVRO PARA APOIAR A FOLHA EM QUE VOCÊ DESENHARÁ.

5. NA SALA DE AULA, PINTE SEU DESENHO E PRENDA-O NO MURAL DA SALA PARA QUE TODOS O APRECIEM.

1 COMPARANDO SEU DESENHO COM OS DOS COLEGAS, VOCÊ NOTA ALGO QUE NÃO PERCEBEU ANTES? O QUÊ?

O QUE HÁ NO AMBIENTE?

EM UM AMBIENTE HÁ COMPONENTES NÃO VIVOS E COMPONENTES VIVOS, COMO AS PLANTAS E OS ANIMAIS, CHAMADOS DE **SERES VIVOS**.

COMPONENTES NÃO VIVOS

OS SERES VIVOS DEPENDEM DE **COMPONENTES NÃO VIVOS** PARA VIVER.

VEJA NA IMAGEM EXEMPLOS DE COMPONENTES NÃO VIVOS.

OLHO VIVO!

NESTE LIVRO VOCÊ ENCONTRARÁ FIGURAS EM MINIATURA QUE INFORMAM A ALTURA OU O COMPRIMENTO MÉDIOS DO CORPO DOS SERES VIVOS (QUANDO ADULTOS) QUE APARECEM NAS FOTOGRAFIAS.

VEJA EXEMPLOS.

A ALTURA MÉDIA DA ÁRVORE ADULTA É CERCA DE 30 METROS.

O COMPRIMENTO MÉDIO DO PÁSSARO ADULTO É CERCA DE 23 CENTÍMETROS.

A **LUZ SOLAR** ILUMINA E AQUECE A TERRA. ELA POSSIBILITA O DESENVOLVIMENTO DAS PLANTAS.

O **AR** É IMPORTANTE PARA A EXISTÊNCIA DA MAIORIA DOS SERES VIVOS. NÃO PODEMOS VÊ-LO, APENAS SENTIR SUA PRESENÇA POR MEIO DO VENTO, POR EXEMPLO.

NO **SOLO**, MUITAS PLANTAS SE FIXAM E MUITOS ANIMAIS VIVEM E CAVAM SUAS TOCAS.

A **ÁGUA** É FUNDAMENTAL AOS SERES VIVOS.

SERES VIVOS

IMAGINE O AMBIENTE DE UM JARDIM. NELE VIVEM DIFERENTES SERES VIVOS. ALGUNS DELES ENXERGAMOS A OLHO NU. OUTROS SÃO TÃO PEQUENINOS, QUE NÃO VEMOS SEM O AUXÍLIO DE INSTRUMENTOS QUE TÊM LENTE DE AUMENTO.

VOCÊ JÁ VIU OS SERES VIVOS ABAIXO?

> AS IMAGENS NÃO ESTÃO REPRESENTADAS NA MESMA PROPORÇÃO.

▶ A ABELHA E AS PLANTAS SÃO SERES VIVOS. A ABELHA TEM ASAS E VOA.

▶ A ORQUÍDEA PODE VIVER EM CIMA DE OUTRAS PLANTAS.

▶ A FORMIGA É UM SER VIVO PEQUENO QUE SE LOCOMOVE ANDANDO.

▶ O BEM-TE-VI ALIMENTA-SE DE INSETOS, FRUTAS, FLORES, MINHOCAS ETC.

ANIMAIS E PLANTAS SÃO SERES VIVOS. ELES NASCEM, CRESCEM, SÃO CAPAZES DE SE REPRODUZIR E MORREM. ALÉM DO TAMANHO, VARIAM EM COR, FORMATO DO CORPO E MODO DE VIVER.

SE EM UM JARDIM PODEMOS ENCONTRAR TANTOS SERES VIVOS DIFERENTES, IMAGINE COMO É GRANDE A DIVERSIDADE DE SERES VIVOS DA TERRA!

ATIVIDADES

AS IMAGENS NÃO ESTÃO REPRESENTADAS NA MESMA PROPORÇÃO.

1 OBSERVE A IMAGEM E RESPONDA:

A) QUE SERES VIVOS VOCÊ VÊ NA IMAGEM?

_____

B) ELES SÃO IGUAIS OU DIFERENTES? POR QUÊ?

_____

_____

2 COMO OS SERES VIVOS ESTÃO SE RELACIONANDO COM OS COMPONENTES NÃO VIVOS NOS AMBIENTES ABAIXO?

11

CAPÍTULO 2
DIFERENTES AMBIENTES

MONTANDO UM AMBIENTE

1. DESTAQUE A **PÁGINA 141**, RECORTE OS SERES VIVOS E COLE-OS NO CENÁRIO.

2. O CENÁRIO RETRATA UM LOCAL COM VARIEDADE DE SERES VIVOS. VOCÊ CONHECE ALGUM LUGAR COMO ESSE?

3. QUAIS SERES VIVOS E COMPONENTES NÃO VIVOS HÁ NESSE AMBIENTE?

4. CONVERSE COM O PROFESSOR SOBRE ESSE AMBIENTE: ELE PARECE SER NATURAL OU MOSTRA MODIFICAÇÕES FEITAS PELAS PESSOAS?

OS DIFERENTES AMBIENTES

HÁ DIFERENTES AMBIENTES NA NATUREZA.

NOS **AMBIENTES AQUÁTICOS**, A SUPERFÍCIE É COBERTA DE ÁGUA. NOS **AMBIENTES TERRESTRES**, O SOLO É EXPOSTO.

▶ AMBIENTE AQUÁTICO. RIO AMAZONAS COM PLANTA AQUÁTICA CONHECIDA COMO VITÓRIA-RÉGIA, NA CIDADE DE IQUITOS, NO PERU, 2015.

▶ AMBIENTE TERRESTRE. SERRA VERMELHA EM SÃO RAIMUNDO NONATO, NO ESTADO DO PIAUÍ, 2015.

EXISTEM TAMBÉM **AMBIENTES NATURAIS**, QUE NÃO SOFRERAM ALTERAÇÕES FEITAS PELOS SERES HUMANOS, E OS **AMBIENTES MODIFICADOS** PELAS PESSOAS.

AS PESSOAS MODIFICAM O AMBIENTE PARA FAZER PLANTAÇÕES OU CONSTRUIR CIDADES E ESTRADAS. ELAS TAMBÉM RETIRAM AS MATAS E POLUEM O AMBIENTE.

QUAL DAS IMAGENS ABAIXO MOSTRA UM AMBIENTE MODIFICADO PELOS SERES HUMANOS?

> AS IMAGENS NÃO ESTÃO REPRESENTADAS NA MESMA PROPORÇÃO.

▶ PRAIA DE JAPARATINGA, ALAGOAS, 2015.

▶ PRAIA DE BOA VIAGEM, EM RECIFE, PERNAMBUCO, 2015.

IMAGENS ANTIGAS NA INTERNET

AS PESSOAS PROCURAM MELHORAR DE VIDA E, PARA ISSO, MUITAS VEZES MODIFICAM O AMBIENTE. POR EXEMPLO, ELAS MEXEM NO SOLO PARA CULTIVÁ-LO E PRODUZIR ALIMENTOS, E CONSTROEM OU REFORMAM AS CASAS OU PRÉDIOS EM QUE VIVEM.

HÁ 20 ANOS, SE UMA PESSOA QUISESSE VER COMO ERA O LUGAR EM QUE MORAVA, ELA TERIA DE PROCURAR FOTOGRAFIAS ANTIGAS, OU JORNAIS, REVISTAS E LIVROS EM UMA BIBLIOTECA.

HOJE, FAZER UMA PESQUISA FICOU MUITO MAIS SIMPLES, PRINCIPALMENTE SE HOUVER ACESSO A COMPUTADORES CONECTADOS À INTERNET.

▶ NAS BIBLIOTECAS HÁ LIVROS E ATIVIDADES INTERESSANTES. BIBLIOTECA PÚBLICA NO PARQUE VILLA-LOBOS, NA CIDADE DE SÃO PAULO, 2017.

1. COM A ORIENTAÇÃO DO PROFESSOR, ACESSE UM *SITE* DE BUSCA E DIGITE **PALAVRAS-CHAVE** PARA ENCONTRAR IMAGENS ANTIGAS DE SUA CIDADE OU DO SEU BAIRRO.

2. O PROFESSOR AJUDARÁ A TURMA A MONTAR UM ÁLBUM DIGITAL COM ESSAS IMAGENS. ESCOLHAM UM NOME PARA O ÁLBUM E DECIDAM A MELHOR FORMA DE DIVULGÁ-LO.

GLOSSÁRIO

PALAVRA-CHAVE: INDICA O QUE ESTÁ SENDO PESQUISADO. PARA BUSCAR INFORMAÇÕES SOBRE O ESTADO DA BAHIA, BASTA ESCREVER "BAHIA" NO CAMPO DE BUSCA DO NAVEGADOR.

ATIVIDADES

1 OBSERVE OS AMBIENTES ABAIXO. DEPOIS, MARQUE UM **X** NO QUADRINHO QUE MOSTRA UM AMBIENTE EM QUE AS PESSOAS FIZERAM MODIFICAÇÕES. POR FIM, ESCREVA UMA CARACTERÍSTICA DE CADA AMBIENTE EM QUE VOCÊ SE BASEOU PARA FAZER SUAS ESCOLHAS.

AS IMAGENS NÃO ESTÃO REPRESENTADAS NA MESMA PROPORÇÃO.

▶ AVES SE ALIMENTAM EM UM LAGO NO PANTANAL, NO ESTADO DE MATO GROSSO.

▶ CRIAÇÃO DE GADO EM ÁREA DE CAATINGA, NO ESTADO DE ALAGOAS.

▶ PEIXES NO MAR, NO ESTADO DE PERNAMBUCO.

▶ PEDESTRES E CICLISTAS EM UM CALÇADÃO, NO ESTADO DO ESPÍRITO SANTO.

2 CONVERSE COM AS PESSOAS DE SEU CONVÍVIO SOBRE O LOCAL EM QUE VOCÊS MORAM. PROCURE SABER QUAIS MODIFICAÇÕES FEITAS NO AMBIENTE TROUXERAM BENEFÍCIOS E QUAIS PREJUDICARAM AS PESSOAS E A NATUREZA. ANOTE TUDO NO CADERNO E TRAGA AS INFORMAÇÕES PARA COMPARTILHAR COM OS COLEGAS.

CAPÍTULO 3
O SOL E AS SOMBRAS

OBSERVANDO AS SOMBRAS

VOCÊ JÁ REPAROU NAS SOMBRAS QUE SE FORMAM NO AMBIENTE? O QUE É NECESSÁRIO PARA QUE ELAS SE FORMEM?

1. EM UM DIA ENSOLARADO, ACOMPANHE O PROFESSOR E OS COLEGAS ATÉ UMA ÁREA ABERTA DA ESCOLA, COLOQUE DIFERENTES OBJETOS SOBRE UMA FOLHA DE PAPEL EM BRANCO E CONTORNE A SOMBRA DELES.

ROBSON OLIVIERI SILVA

A) O QUE PERMITIU A FORMAÇÃO DAS SOMBRAS?

B) DUAS HORAS APÓS FAZER O CONTORNO, A SOMBRA DO OBJETO PERMANECE A MESMA?

C) COM A AJUDA DE UM COLEGA E USANDO UMA LANTERNA, FAÇA SUA SOMBRA EM UMA PAREDE E COMPARE-A COM A DE ALGUNS COLEGAS. O QUE AS DIFERENCIA? POR QUE ISSO OCORRE?

NA PRÁTICA — EXPERIMENTO

DE QUE DEPENDEM A FORMA E O TAMANHO DAS SOMBRAS?

MATERIAL:
- LÁPIS;
- BORRACHA;
- FITA COLORIDA OU GIZ;
- CADERNO.

OLHO VIVO!

ATENÇÃO! NUNCA OLHE DIRETAMENTE PARA O SOL. VOCÊ PODE OBSERVAR O CÉU EM UM DIA SEM NUVENS, MAS NÃO OLHE DIRETAMENTE PARA O SOL, POIS ISSO PODE FAZER MAL A SEUS OLHOS.

PROCEDIMENTOS

1. LOGO AO CHEGAR À ESCOLA, ESCOLHA, COM O PROFESSOR, UM MURO, UM POSTE OU UMA ÁRVORE EM UM LOCAL DA ESCOLA QUE RECEBA A ILUMINAÇÃO DO SOL O DIA TODO.

2. FIQUE DE FRENTE PARA ESSE OBJETO E MARQUE SUA POSIÇÃO NO CHÃO COM UMA FITA COLORIDA OU RISCANDO COM GIZ. VERIFIQUE ONDE ESTÁ O SOL (DE SEU LADO ESQUERDO, DIREITO, NA FRENTE, ATRÁS OU EM CIMA).

3. NESSE DIA, REPITA ESSE PROCEDIMENTO EM MAIS UM HORÁRIO INDICADO PELO PROFESSOR.

4. EM CADA OBSERVAÇÃO, DESENHE EM UMA FOLHA A DIREÇÃO, O COMPRIMENTO E O FORMATO DE SUA SOMBRA E DA SOMBRA DESSE OBJETO. (VOCÊ PODE TAMBÉM FOTOGRAFAR ESSAS DUAS SOMBRAS).

AGORA, RESPONDA:

1. A SUA SOMBRA E A DO OBJETO MUDARAM OU PERMANECERAM IGUAIS AO LONGO DO DIA?

2. QUAL É A RELAÇÃO DA DIREÇÃO, DO COMPRIMENTO E DO FORMATO DA SOMBRA COM A POSIÇÃO DO SOL?

COMO AS SOMBRAS SE FORMAM?

O SOL FORNECE LUZ E CALOR PARA A TERRA. ELE ILUMINA O AMBIENTE E POSSIBILITA A FORMAÇÃO DAS SOMBRAS.

A SOMBRA OCORRE QUANDO A LUZ DO SOL ATINGE UM OBSTÁCULO, CRIANDO UMA REGIÃO ESCURA DO OUTRO LADO DO OBSTÁCULO.

CONSIDERANDO A **LINHA DO HORIZONTE**, O SOL E AS SOMBRAS MUDAM DE POSIÇÃO AO LONGO DO DIA.

> **GLOSSÁRIO**
>
> **LINHA DO HORIZONTE:** LINHA IMAGINÁRIA QUE, PARA O OBSERVADOR, PARECE SEPARAR O CÉU E A TERRA.

NAS IMAGENS ABAIXO, PODEMOS OBSERVAR A SOMBRA DE UM POSTE.

▶ A SOMBRA DO POSTE FORMADA PELA MANHÃ É BEM LONGA.

▶ O COMPRIMENTO DA SOMBRA FORMADA PERTO DO MEIO-DIA É MAIS CURTO.

▶ A SOMBRA FORMADA À TARDE É LONGA E FICA NA DIREÇÃO OPOSTA À DA SOMBRA DA MANHÃ.

FOTOS: DOTTA

O POSTE É UM OBJETO FEITO DE MATERIAL OPACO, ISTO É, QUE NÃO PERMITE A PASSAGEM DE LUZ. ENTÃO, COMO A LUZ CAMINHA EM LINHA RETA, OS RAIOS SOLARES QUE ATINGEM O POSTE NÃO PODEM ATRAVESSÁ-LO NEM ILUMINAR O QUE ESTÁ ATRÁS.

A REGIÃO NÃO ILUMINADA QUE SE FORMA ATRÁS DO POSTE É CHAMADA **SOMBRA**.

DESSE MODO, PELA MANHÃ O SOL SURGE NO LADO LESTE DO CÉU, E AS SOMBRAS FORMADAS SÃO BEM LONGAS.

EM SEGUIDA, PERCEBEMOS O SOL SE DESLOCANDO PARA O ALTO DO CÉU, E VEMOS O COMPRIMENTO DAS SOMBRAS DIMINUIR.

AO MEIO-DIA, AS SOMBRAS SÃO AS MAIS CURTAS.

DEPOIS, À TARDE, PERCEBEMOS O SOL SE DESLOCANDO PARA O LADO OESTE DO CÉU, E O COMPRIMENTO DAS SOMBRAS VOLTA A AUMENTAR.

ATIVIDADES

1 LUANA E O PAI DELA GOSTAM DE IR À PRAIA. ELES PERCEBERAM QUE PRECISAM MUDAR DE POSIÇÃO PARA QUE A SOMBRA DO GUARDA-SOL OS CUBRA COM O PASSAR DO DIA. EXPLIQUE POR QUE ISSO OCORRE.

_____
_____
_____

2 COM UM COLEGA, ADIVINHE QUE ANIMAIS AS SOMBRAS ABAIXO REPRESENTAM. DEPOIS, UTILIZANDO AS MÃOS E UMA LANTERNA, FORMEM JUNTOS SOMBRAS PARA REPRESENTAR OUTROS ANIMAIS OU OBJETOS.

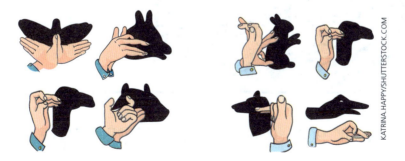

AGORA TENTE AFASTAR A LANTERNA OU MUDAR A INCLINAÇÃO DELA. O QUE ACONTECE COM A SOMBRA?

CAPÍTULO 4
O CALOR DO SOL

O QUE AQUECE MAIS?

OBSERVAMOS NOS AMBIENTES QUE O CALOR DO SOL NÃO AQUECE TODOS OS MATERIAIS DA MESMA FORMA. VEJA A SITUAÇÃO A SEGUIR.

1. VOCÊ JÁ PASSOU POR UMA SITUAÇÃO SEMELHANTE À VISTA ACIMA?

2. O QUE VOCÊ ACHA QUE A MÃE DO MENINO RESPONDEU? ESCREVA ESSA RESPOSTA NO BALÃO DE FALA DO SEGUNDO QUADRO.

NA PRÁTICA — EXPERIMENTO

SE DEIXARMOS OS MATERIAIS ABAIXO EXPOSTOS AO SOL, QUAL VOCÊ ACHA QUE SE AQUECERÁ MAIS RAPIDAMENTE?

MATERIAL:

- UMA PORÇÃO DE AREIA;
- UMA PORÇÃO DE SOLO;
- ÁGUA;
- 3 COPOS OU FRASCOS;
- UM PEDAÇO DE TECIDO BRANCO E OUTRO DE TECIDO PRETO;
- 3 **TERMÔMETROS** DE AMBIENTE.

GLOSSÁRIO

TERMÔMETRO: INSTRUMENTO QUE MEDE A TEMPERATURA DE UM MATERIAL OU AMBIENTE, OU SEJA, MOSTRA A MEDIDA QUE INDICA O QUANTO UM MATERIAL OU AMBIENTE ESTÁ QUENTE OU FRIO.

PROCEDIMENTOS

1. EM DIA DE SOL, COLOQUEM AREIA NO PRIMEIRO FRASCO, SOLO NO SEGUNDO FRASCO E ÁGUA NO TERCEIRO FRASCO.
2. COM O PROFESSOR, COLOQUEM UM TERMÔMETRO EM CADA FRASCO E MEÇAM A TEMPERATURA DOS MATERIAIS DE CADA FRASCO. ANOTEM AS MEDIDAS NO CADERNO.
3. DEIXEM OS COPOS SOB O SOL POR 20 MINUTOS.
4. DEPOIS, MEÇAM NOVAMENTE AS TEMPERATURAS E ANOTEM.
5. SEGUREM OS COPOS PARA SENTIR SE ALGUM DELES ESTÁ MAIS QUENTE. ANOTEM QUAL.
6. COMPAREM AS TEMPERATURAS INICIAL E FINAL.
7. REPITAM OS PROCEDIMENTOS COM OS PEDAÇOS DE TECIDO.

AGORA RESPONDA:

1. POR QUE OS MATERIAIS SE AQUECERAM?
2. QUAL MATERIAL ABSORVE CALOR MAIS RAPIDAMENTE?
3. PARA QUE SERVE O TERMÔMETRO DE AMBIENTE?

O CALOR DO SOL NO AMBIENTE

O CALOR DO SOL POSSIBILITA A NOSSO PLANETA QUE MANTENHA UMA TEMPERATURA FAVORÁVEL PARA A EXISTÊNCIA DA VIDA.

A TEMPERATURA VARIA ENTRE OS DIFERENTES AMBIENTES OU MESMO ENTRE OS COMPONENTES DE UM MESMO AMBIENTE, COMO PUDEMOS OBSERVAR NO EXPERIMENTO DA PÁGINA ANTERIOR.

OS MATERIAIS ABSORVEM O CALOR DO SOL DE FORMA DIFERENTE. A AREIA, POR EXEMPLO, AQUECE E ESFRIA MAIS RAPIDAMENTE DO QUE A ÁGUA. A ÁGUA, POR SUA VEZ, MANTÉM O CALOR POR MAIS TEMPO QUE A AREIA. POR ISSO, DURANTE O DIA, A AREIA DA PRAIA É MAIS QUENTE QUE A ÁGUA, E DURANTE A NOITE, FICA MAIS FRIA. PODEMOS PERCEBER ALGO SEMELHANTE AO COMPARAR UM CHÃO DE CIMENTO COM UMA ÁREA GRAMADA.

▶ EM UM DIA QUENTE, É MAIS AGRADÁVEL SENTAR EM UM LOCAL GRAMADO DO QUE EM UM PISO DE CIMENTO.

ISSO TAMBÉM PODE SER OBSERVADO QUANDO DOIS OBJETOS DE CORES DIFERENTES, MAS FEITOS DO MESMO MATERIAL, SÃO EXPOSTOS AO SOL. O DE COR MAIS ESCURA AQUECE MAIS, POIS ESSA COR ABSORVE MAIS CALOR QUE A COR CLARA.

▶ VESTIR ROUPAS CLARAS EM DIAS QUENTES É MAIS AGRADÁVEL.

ATIVIDADES

1 LEIA O TEXTO A SEGUIR E DEPOIS RESPONDA ÀS QUESTÕES.

CUIDADO COM O SOL!

O SOL É FUNDAMENTAL PARA A VIDA NA TERRA E TAMBÉM PARA MANTER NOSSA SAÚDE.

A EXPOSIÇÃO AO SOL, NO ENTANTO, REQUER CUIDADOS ESPECIAIS. CASO SEJA FEITA DE FORMA INADEQUADA, PODE LEVAR A QUEIMADURAS, APARECIMENTO DE MANCHAS NA PELE E ATÉ DE DOENÇAS MAIS SÉRIAS.

VERIFIQUE AS DICAS A SEGUIR.

A) EM QUAL HORÁRIO DO DIA NÃO DEVEMOS NOS EXPOR AO SOL?

2 NA PRAIA, DURANTE O DIA, SE VOCÊ ESTÁ SENTINDO MUITO CALOR, ONDE É MAIS FRESCO: NA AREIA OU NA ÁGUA? JUSTIFIQUE.

3 EM QUAL PERÍODO A ÁGUA ESTÁ MAIS AQUECIDA: NO INÍCIO OU NO FINAL DO DIA?

HORA DA LEITURA

TEATRO DE SOMBRAS

O TEATRO DE SOMBRAS É UMA FORMA DE CONTAR UMA HISTÓRIA REAL OU INVENTADA. NELE, A SOMBRA DE PESSOAS OU OBJETOS É PROJETADA EM UMA TELA BRANCA.

LEIA UMA LENDA SOBRE A ORIGEM DESSA FORMA DE ARTE.

A ORIGEM DO TEATRO DE SOMBRAS

DIZ UMA ANTIGA LENDA CHINESA QUE, NO ANO 121, O IMPERADOR WU'TI, DA DINASTIA HAN, MUITO TRISTE COM A MORTE DE UMA BAILARINA QUE AMAVA, EXIGIU QUE O MAGO DA CORTE A TROUXESSE DE VOLTA [...]. O MAGO DA CORTE [...] USOU A IMAGINAÇÃO E CONFECCIONOU UMA **SILHUETA** DE BAILARINA USANDO UMA MACIA PELE DE PEIXE. DEPOIS, MANDOU ARMAR NO JARDIM DO PALÁCIO UMA CORTINA BRANCA DE MODO QUE FICASSE CONTRA A LUZ DO SOL, DEIXANDO **TRANSPARECER** A LUZ. [...] AO SOM DE UMA FLAUTA, O MAGO FEZ SURGIR A SOMBRA DELICADA DE UMA BAILARINA SE MOVIMENTANDO COM GRAÇA E SUAVIDADE. NASCIA ASSIM O TEATRO DE SOMBRAS.

Glossário

SILHUETA: DESENHO FORMADO PELO CONTORNO DE UMA PESSOA OU OBJETO.

TRANSPARECER: APARECER ATRAVÉS DE ALGO.

ENEM UNIVERSIA. DISPONÍVEL EM: <www.universiaenem.com.br/sistema/faces/pagina/publica/conteudo/texto-html.xhtml?redirect=5598956824009485307405069194 5>. ACESSO EM: 12 ABR. 2019.

1. O QUE É UMA LENDA? VOCÊ CONHECE ALGUMA?

2. OBSERVE A FOTOGRAFIA, CONVERSE COM OS COLEGAS SOBRE ELA E RESPONDA: QUAL É A IMPORTÂNCIA DA LUZ PARA ESSE TIPO DE TEATRO?

A DEFESA DO AMBIENTE

LEIA A ENTREVISTA COM EDUARDO ANANIAS, BIÓLOGO DA COMPANHIA DE SANEAMENTO BÁSICO DO ESTADO DE SÃO PAULO (SABESP).

EDUARDO ANANIAS

O QUE UM AMBIENTALISTA FAZ?

ELE ESTUDA MANEIRAS DE EQUILIBRAR A RELAÇÃO ENTRE O AMBIENTE NATURAL E O AMBIENTE MODIFICADO PELO SER HUMANO E AJUDA AS PESSOAS A COMPREENDEREM AS CONSEQUÊNCIAS DE SUAS AÇÕES NA NATUREZA.

COMO É A RELAÇÃO ENTRE O AMBIENTE NATURAL E O MODIFICADO PELAS PESSOAS?

IMAGINE UM AMBIENTE NATURAL COM RIOS E FLORESTAS. DEPOIS PENSE EM SUA CIDADE, COM PRÉDIOS, LIXO E ESGOTO. ESSES AMBIENTES ESTÃO RELACIONADOS, POIS AS ATIVIDADES NA CIDADE PODEM CAUSAR DESEQUILÍBRIOS NA NATUREZA. O LIXO JOGADO NA RUA PODE IR PARA OS BUEIROS, PROVOCAR ENCHENTES E POLUIR A ÁGUA DO RIO.

COMO A CIÊNCIA AJUDA EM SEU TRABALHO?

ELA POSSIBILITA PREVER PROBLEMAS QUE SERIAM CAUSADOS PELA ATIVIDADE HUMANA OU POR UM ACONTECIMENTO NATURAL, COMO A SECA. ASSIM, AJUDA A EVITÁ-LOS OU RESOLVÊ-LOS.

VOCÊ TEM ALGUMA ORIENTAÇÃO PARA CUIDARMOS DO AMBIENTE?

PROCUREM SABER A ORIGEM E O DESTINO DE TUDO O QUE USAM. ASSIM PODEM TER ATITUDES ADEQUADAS PARA A PRESERVAÇÃO DA NATUREZA.

▶ EDUARDO ANANIAS TRABALHA COM EQUILÍBRIO AMBIENTAL.

1 COM A SUPERVISÃO DO PROFESSOR, ELABORE PERGUNTAS A SEREM RESPONDIDAS POR UM COLEGA SOBRE O DESTINO DAS COISAS QUE ELE USA NO DIA A DIA. DEPOIS, RESPONDA ÀS PERGUNTAS DELE.

REVENDO O QUE APRENDI

1 COMPLETE CADA FRASE COM AS PALAVRAS QUE FALTAM.

NASCEM – AMBIENTE – MORREM – COMPONENTES – REPRODUZIR

A) O _____ É COMPOSTO POR SERES VIVOS E _____ NÃO VIVOS.

B) OS SERES VIVOS _____, CRESCEM, PODEM SE _____ E _____.

2 MAÍRA ESTÁ MUITO EMPOLGADA, POIS É SEU PRIMEIRO DIA DE FÉRIAS. ELA PLANEJOU DIVERSAS ATIVIDADES PARA ESSE DIA, COM HORÁRIOS MARCADOS. COMPLETE A AGENDA DELA COM A ATIVIDADE MAIS APROPRIADA PARA CADA HORÁRIO.

LER UM LIVRO À SOMBRA DE UMA ÁRVORE – DORMIR ASSISTIR AO PÔR DO SOL – BRINCAR NO PARQUE

HORÁRIO	ATIVIDADE
7H	CAFÉ DA MANHÃ
8 H	
11 H	
13 H	ALMOÇO
18 H	
19 H	JANTAR
21 H	

3 A FOTOGRAFIA MOSTRA UMA CENA DO DIA A DIA DE UMA ESCOLA.

▶ ESCOLA MUNICIPAL. BALSAS, MARANHÃO, 2014.

A) QUAIS COMPONENTES VIVOS DESSE AMBIENTE APARECEM NA IMAGEM?

_____

_____

B) QUAIS COMPONENTES NATURAIS SEM VIDA VOCÊ IDENTIFICA?

_____

C) O QUE ESSE AMBIENTE TEM EM COMUM COM OS AMBIENTES DE SUA ESCOLA?

4 OBSERVE OS AMBIENTES ABAIXO E FAÇA O QUE SE PEDE.

A) ASSINALE COM **X** O AMBIENTE NATURAL.

B) PINTE APENAS OS SERES VIVOS NAS DUAS IMAGENS.

C) OBSERVE AS SOMBRAS DOS COMPONENTES DOS AMBIENTES. DEPOIS, RESPONDA: O QUE É A SOMBRA?

NESTA UNIDADE VIMOS

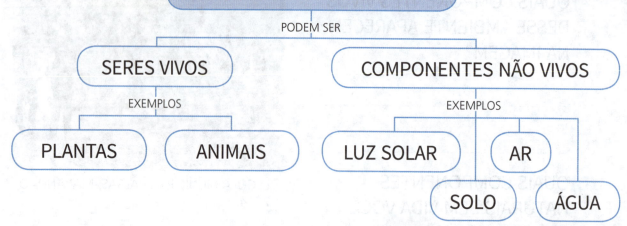

- OS AMBIENTES PODEM SER AQUÁTICOS OU TERRESTRES, NATURAIS OU MODIFICADOS PELO SER HUMANO.

- O SOL É A FONTE DE LUZ NATURAL E DE CALOR DO PLANETA. ELE REALIZA UM MOVIMENTO APARENTE NO CÉU AO LONGO DO DIA E POSSIBILITA FORMAR AS SOMBRAS, QUE, POR SUA VEZ, MUDAM DE LUGAR E TAMANHO DE ACORDO COM A POSIÇÃO DO SOL.

▶ AMBIENTE ENSOLARADO, CONFORME VISTO NA PÁGINA 9.

- O CALOR DO SOL POSSIBILITA UMA TEMPERATURA FAVORÁVEL PARA A EXISTÊNCIA DA VIDA NO PLANETA. A FORMA PELA QUAL O CALOR DO SOL É ABSORVIDO PELAS SUPERFÍCIES DE DIFERENTES MATERIAIS INFLUENCIA A TEMPERATURA DOS AMBIENTES.

PARA FINALIZAR, RESPONDA:

▶ O QUE SÃO COMPONENTES VIVOS E NÃO VIVOS DE UM AMBIENTE?

▶ QUAL É A IMPORTÂNCIA DO SOL PARA A VIDA?

▶ NA IMAGEM DE ABERTURA DESTA UNIDADE, O SOL ESTÁ SE PONDO. SE ELA FOSSE DESENHADA DUAS HORAS MAIS TARDE, O QUE, PROVAVELMENTE, ESTARIA DIFERENTE?

PARA IR MAIS LONGE

LIVROS

▶ **PRA QUE SERVE A TERRA?**, DE ANNA CLÁUDIA RAMOS. BELO HORIZONTE: EDITORA DIMENSÃO, 2007.
NESSE LIVRO É POSSÍVEL PERCEBER A IMPORTÂNCIA DA TERRA PARA A VIDA.

▶ **UMA AVENTURA NO QUINTAL**, DE SAMUEL M. BRANCO. HQ DE LUIZ EDUARDO RICON E MAYA REYES-RICON. SÃO PAULO: MODERNA, 2008.
ESSA HQ MOSTRA QUE ATÉ EM UM QUINTAL HÁ UMA INFINIDADE DE SERES VIVOS.

▶ **POR QUE PROTEGER A NATUREZA? APRENDENDO SOBRE MEIO AMBIENTE**, DE JEN GREEN. SÃO PAULO: SCIPIONE, 2005.
MOSTRA COMO TAMBÉM SOMOS PARTE DA NATUREZA E RESSALTA A IMPORTÂNCIA DE PROTEGER O AMBIENTE.

FILME

▶ **ZOOTOPIA – ESSA CIDADE É O BICHO**. DIREÇÃO DE BYRON HOWARD, RICH MOORE. ESTADOS UNIDOS: WALT DISNEY ANIMATION STUDIOS, 2016, 108 MIN.
ZOOTOPIA É UMA CIDADE DIFERENTE QUE ABRIGA UMA GRANDE DIVERSIDADE DE ANIMAIS SEMPRE DISPOSTOS A PARTICIPAR DE UMA AVENTURA.

SITE

▶ **COMO FUNCIONA O PROTETOR SOLAR?**: <http://chc.org.br/como-funciona-o-protetor-solar>.
TEXTO QUE TRABALHA A IMPORTÂNCIA DA EXPOSIÇÃO AO SOL E DO USO DE PROTETOR SOLAR.

VISITAÇÃO

▶ **FUNDAÇÃO ZOO-BOTÂNICA DE BELO HORIZONTE. BELO HORIZONTE, MINAS GERAIS**.
DISPÕE DE PLANTAS E ANIMAIS TERRESTRES E AQUÁTICOS DAS DIFERENTES REGIÕES DO BRASIL. MAIS INFORMAÇÕES EM: <http://portalpbh.pbh.gov.br/pbh/ecp/comunidade.do?app=fundacaobotanica>.

▶ **GUIA DE CENTROS E MUSEUS DE CIÊNCIAS DO BRASIL – 2015**. PARA OUTROS MUSEUS BRASILEIROS, CONSULTE: <www.casadaciencia.ufrj.br/Publicacoes/guia/Files/guiacentrosciencia2015.pdf>.

UNIDADE 2
Os animais e o ambiente

- Que seres vivos você vê na imagem?
- Que animais você consegue identificar na imagem?
- Escolha dois animais da imagem e cite semelhanças e diferenças entre eles.

CAPÍTULO 1 — Os animais

Meu animal de estimação

Cebolinha, Mônica e Cascão são personagens das histórias da Turma da Mônica, de Mauricio de Sousa.

1. Na tirinha, como cada personagem está cuidando de seu animal?

2. Em sua opinião, por que Cascão cuida do porquinho de forma diferente da dos outros personagens?

3. Os animais domésticos mais comuns são o cão e o gato. Qual deles você prefere? Faça uma pesquisa com os colegas da turma para saber qual deles é o preferido de cada um de vocês.

   A cada vez que um animal for escolhido, faça uma marca diante da imagem dele. Depois basta contar quantas vezes cada animal apareceu!

									Total
									Total

Animais domesticados e animais silvestres

As imagens não estão representadas na mesma proporção.

Os **animais domesticados** são aqueles que as pessoas, ao longo da história, retiraram de ambientes naturais e trouxeram para viver perto de si. Alguns exemplos são: a vaca, a ovelha, a galinha e o cavalo.

Com a criação desses animais, as pessoas obtêm alimentos, como ovos, carne etc.; e materiais, como lã e couro. Além disso, costumam utilizar alguns deles, por exemplo o cavalo como meio de transporte.

▶ Criação de galinhas para a produção de ovos.

▶ Animal utilizado no transporte de cargas e pessoas.

Animais silvestres são aqueles que nascem e vivem livres em ambientes naturais, como florestas, desertos etc. Lá eles encontram o que precisam para sobreviver, como abrigo e alimento.

▶ Os macacos-prego vivem nas árvores e se deslocam de galho em galho.

▶ Os tuiuiús são animais silvestres que habitam a região do Pantanal.

Na prática

Alguns animais domesticados podem conviver com as pessoas e fazer-lhes companhia, ajudando a protegê-las e muitas vezes tornando a vida delas mais divertida. São os **animais de estimação**.

1 Você tem um animal de estimação? Caso não tenha um animal, faça a atividade imaginando o animal que gostaria de ter ou traga a imagem desse animal. Depois, preencha a ficha com as características dele.

Nome do animal:	Desenhe ou cole uma fotografia do animal aqui
Que animal é?	
Cor:	
Número de pernas:	
De que se alimenta:	
Brincadeira favorita:	

2 Escreva nas linhas a seguir cuidados que devemos ter com os animais de estimação.

Atividades

1 Observe as imagens de dois felinos e responda às questões a seguir.

As imagens não estão representadas na mesma proporção.

a) Qual é o animal silvestre e qual é o animal domesticado? Que característica da fotografia o ajudou a reconhecê-los?

_____

_____

b) É correto recolher um gato silvestre da floresta e levá-lo para viver dentro de casa?

_____

2 Complete o diagrama de palavras a seguir e descubra, na coluna em destaque, o nome de um animal doméstico.

1 Animal silvestre com pescoço comprido.
2 Animal domesticado utilizado para transporte.
3 Animal silvestre que voa e habita o Pantanal.
4 Animal domesticado do qual utilizamos a lã.

		I		A
2	C		L	
3		U		Ú
4			L	

35

CAPÍTULO 2
Conhecendo mais os animais

Observando os animais

Existem muitos animais, alguns parecidos entre si, outros muito diferentes. Observe a imagem a seguir.

Os tons de cores e a proporção entre os tamanhos dos seres vivos representados não são os reais.

Kau Bispo

1 Que animais você identifica na imagem?

2 Escolha dois animais e fale as características deles.

Animais e seus ambientes

Os animais têm tamanhos e formas diferentes. Alguns são maiores que as pessoas; outros são bem menores.

Eles vivem em diferentes ambientes e podem ser classificados em terrestres ou aquáticos.

Animais que vivem em ambientes terrestres, como a formiga e o veado, são **animais terrestres**. Alguns animais, como o jacaré e o hipopótamo, passam parte do tempo na água, mas são classificados como terrestres.

A baleia-azul e a estrela-do-mar vivem apenas em ambientes aquáticos: são **animais aquáticos**.

Alguns animais passam parte do ciclo de vida na água e outra parte no solo, como o sapo e a rã.

Hábitat de um ser vivo é o ambiente em que ele vive.

As imagens não estão representadas na mesma proporção.

▶ O veado-campeiro é um animal terrestre.

▶ A rã vive uma parte do ciclo de vida na água e outra parte no solo.

▶ A baleia-azul é um animal aquático. Ela é o maior animal da Terra.

Atividades

As imagens não estão representadas na mesma proporção.

1 Observe as imagens a seguir e identifique pelo menos duas diferenças entre os animais.

▶ Galinha.

▶ Peixe.

_____

_____

_____

2 No espaço a seguir, cole a imagem de um animal aquático e a de um animal terrestre que você conhece ou desenhe-os.

Animal terrestre	Animal aquático

3 Leve o peixe e o quati até o ambiente onde eles vivem.

a) Em que tipo de ambiente vive cada um desses animais?

_____

_____

b) Seria possível trocar o ambiente em que esses animais vivem?

Um pouco mais sobre

Vida na cidade

Por que muitos animais vivem em áreas urbanas e como eles são afetados pelo ambiente?

Quando pensamos em bichos, vêm logo à mente imagens de campos, florestas, mares, enfim, ambientes onde a natureza reina e os homens ficam de fora. Pois tenho um desafio para você: olhe ao seu redor, na cidade mesmo, e veja se entre prédios, ruas e construções também não há animais! Pombos, pardais, insetos variados, morcegos e até ratos vivem em ambientes urbanos. [...]

Apesar de bem adaptados às cidades, os animais ainda sofrem com as diferenças entre os ambientes urbanos e naturais.

[...] É fundamental fornecer condições de espaço para que esses animais de cidade grande possam sobreviver. Para isso, as áreas verdes, como parques e jardins, precisam ser bem cuidadas. [...]

Isadora Vilardo. *Vida na cidade*. Disponível em: <http://chc.org.br/vida-na-cidade/>. Acesso em: 12 abr. 2019.

1 Na cidade em que você mora há animais como os citados no texto? Há também outros? Conte aos colegas.

_____

_____

2 Qual é a importância de áreas verdes nas cidades para os animais que vivem nelas?

_____

3 Os animais citados no texto são aquáticos ou terrestres?

_____

Características dos animais

Os animais precisam alimentar-se de outros seres vivos para sobreviver. Além disso, a maioria é capaz de locomover-se. Entretanto, podemos encontrar diferentes formas de vida entre eles. Conheça melhor alguns animais e perceba como eles são diferentes:

As imagens não estão representadas na mesma proporção.

- Os peixes vivem em ambientes aquáticos. O corpo deles é liso e coberto por escamas, com nadadeiras que lhes possibilitam nadar. Eles também são capazes de respirar dentro da água. Existem peixes de diversas cores e tamanhos.

▶ Lambari.

- Os ursos-polares têm pelos grossos, em grande quantidade, e uma camada de gordura debaixo da pele, o que lhes possibilita manter o calor do corpo e suportar as baixas temperaturas. Eles se alimentam de focas, aves, peixes etc. Os ursos-polares são brancos, mas há outros tipos de ursos, cujas cores são diferentes, como marrom e preto. Eles não vivem no mesmo hábitat.

▶ Urso-polar.

- Aves como o tucano são capazes de voar por causa das asas e do formato do corpo, que é leve e coberto de penas. Os tucanos têm mais de uma cor, mas existem aves com uma cor apenas.

▶ Tucano.

- A joaninha é um animal pequeno que também é capaz de voar. Ela tem uma carapaça, ou seja, uma cobertura dura que protege seu corpo. Ela se alimenta de pequenos insetos que vivem nas plantas. Existem joaninhas de diversas cores.

▶ Joaninha.

O desenvolvimento dos animais

Os animais têm um ciclo de vida, ou seja, nascem, crescem, podem se reproduzir e morrem. A duração de cada fase de vida e a forma pela qual cada animal se reproduz e se desenvolve variam.

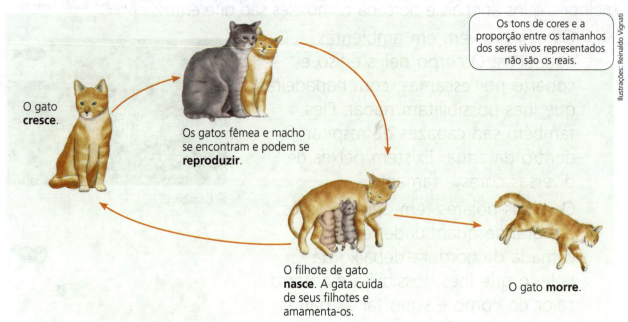

Os tons de cores e a proporção entre os tamanhos dos seres vivos representados não são os reais.

Ilustrações: Reinaldo Vignati

▶ Ciclo de vida de um gato.

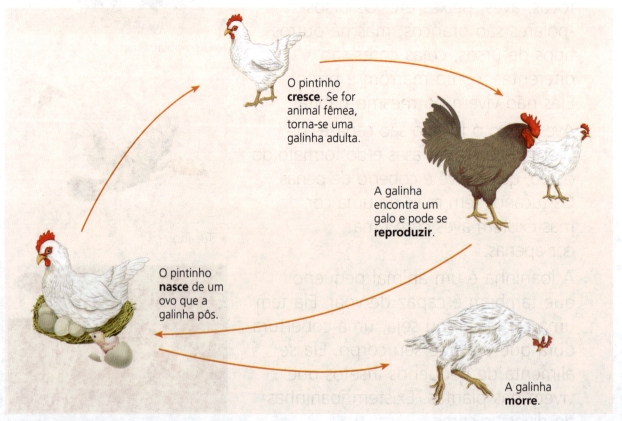

▶ Ciclo de vida de uma galinha.

Atividades

1 Numere as fases da vida de uma galinha na sequência correta.

1. O pintinho nasce.
2. O pintinho cresce. Se for fêmea, torna-se uma galinha.
3. A galinha encontra um galo e pode se reproduzir.
4. A galinha morre.

2 Forme dupla com um colega. Escolham um animal e desenhem em uma folha de papel avulsa o ciclo de vida desse animal. Para obter as informações necessárias, peçam ajuda ao professor ou às pessoas de sua convivência. Depois, afixem o desenho de vocês no mural da sala.

3 Observe a descrição de alguns animais do livro de Amauri. Depois, preencha a tabela com as informações sobre esses três animais.

A águia caça pequenos animais e vive livre, em áreas bem abertas.

A vaca habita uma fazenda, onde os seres humanos a alimentam, tratam suas doenças e tiram seu leite.

A galinha vive em um sítio onde recebe cuidados e é alimentada todos os dias.

O tom das cores e a proporção entre os tamanhos dos seres vivos representados não são os reais.

Animal	Hábitat	Cobertura corporal	Silvestre/ domesticado
Águia			
Vaca			
Galinha			

CAPÍTULO 3

Animais em extinção

O que mudou?

Observe as imagens a seguir e identifique as sete diferenças entre elas.

1. Que diferenças você observa entre as imagens considerando os problemas ambientais?

2. De que forma os animais do local foram prejudicados?

Animais ameaçados de extinção

Você sabe por que alguns animais estão desaparecendo ou ameaçados de desaparecer?

Muitas atividades humanas causam a redução dos tipos de animais existentes. São exemplos: derrubada das matas, mudança do curso de rios, poluição dos ambientes, caça e tráfico de animais.

Glossário

Catástrofe natural: desastre com causas naturais, como terremotos e queimadas naturais, que prejudica o ambiente.

Outras causas não provocadas pelo ser humano também levam à extinção de animais, como doenças, falta de alimento ou **catástrofes naturais**.

Veja alguns exemplos de animais ameaçados de extinção.

A tartaruga-oliva está ameaçada de extinção em razão da perda de hábitat, caça e poluição marinha.

O demônio-da-tasmânia vive na ilha da Tasmânia, na Austrália. Ele corre risco de extinção em razão de uma doença que lhe afeta a boca e o impede de comer.

A onça-pintada é encontrada no Brasil e está ameaçada de extinção, principalmente porque tem perdido territórios de seu hábitat.

As imagens não estão representadas na mesma proporção.

Chamando para o debate

Vimos que os animais silvestres encontram em seu ambiente natural tudo de que precisam para sobreviver. Então, o que acontece se forem retirados de lá?

Leia o texto e converse com os colegas sobre o assunto.

O que é o tráfico de animais silvestres?

Tráfico é **comércio** ilegal. Traficar animais significa capturá-los na natureza, prendê-los e vendê-los com o objetivo de ganhar dinheiro. Se participamos disso, estamos contribuindo para o tráfico de animais. [...]

Como os animais são transportados até as feiras para serem vendidos?

[...] os animais são transportados nas piores condições possíveis. São escondidos em fundos de malas ou caixotes, sem ventilação, e ficam vários dias sem comer e sem beber. Resultado: de cada 10 animais capturados, nove morrem no caminho e um chega às mãos dos compradores. [...]

▶ Pássaros aprisionados, vítimas do tráfico de animais.

Comércio: troca, compra e venda de mercadorias.

O que é um animal silvestre? *WWF-Brasil*. Disponível em: <www.wwf.org.br/natureza_brasileira/questoes_ambientais/animais_silvestres>. Acesso em: 12 abr. 2019.

1 Que tipos de maus-tratos o tráfico de animais silvestres pode causar a esses seres vivos?

2 Que problemas causam as pessoas que compram esses animais?

3 O que podemos fazer para evitar o tráfico de animais?

Atividades

1. O papagaio-de-cara-roxa deixou de ser considerado ameaçado de extinção no final de 2014, após intensos esforços de órgãos ambientais.

   Discuta, com os colegas da turma, atitudes humanas que podem provocar e prevenir a extinção de animais como o papagaio-da-cara-roxa.

   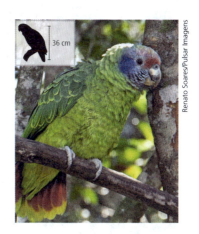

2. Troque os símbolos por letras e encontre nomes de animais ameaçados de extinção.

   Agora escolha um desses animais e pesquise informações sobre ele. Em uma folha de papel sulfite, anote o nome, suas características e cole uma imagem dele. Traga seu trabalho para a sala de aula. O professor organizará um mural com as produções da turma.

CAPÍTULO 4
Seres humanos também são animais

Semelhanças e diferenças

Observe a imagem a seguir e faça o que se pede.

1. Encontre as semelhanças entre as crianças retratadas na imagem.

2. Mencione algumas diferenças que você observa entre essas crianças.

3. Que características físicas diferenciam os seres humanos de outros seres vivos como os cachorros?

4. Que cuidados são necessários para manter o corpo saudável?

5. Todos os animais nascem da mesma forma?

Semelhanças e diferenças entre as pessoas

As pessoas têm semelhanças entre si e características que as diferenciam umas das outras. As diferenças não são apenas físicas, mas também comportamentais, sociais e culturais. As particularidades tornam cada ser humano um ser único.

Você provavelmente conhece muitas pessoas. Na sala de aula, por exemplo, convive com vários colegas. Observe-os atentamente e verifique as semelhanças físicas que são comuns à maioria deles.

Agora observe as diferenças que há entre as pessoas da imagem a seguir.

Algumas pessoas têm preconceito contra aqueles que são diferentes delas. **Preconceito** é o ato de julgar algo ou alguém sem conhecer. É formar uma opinião sobre uma pessoa sem saber ao certo quem ela é, ou seja, julgá-la pela cor da pele, pelo dinheiro que tem, pelo modo de se vestir, pela religião que pratica etc.

Esse é o comportamento de quem não respeita as diferenças.

Atividades

1. Observe a imagem ao lado. Com ajuda do professor, encontre semelhanças e diferenças físicas entre as pessoas retratadas na fotografia.

Agora complete a tabela preenchendo os espaços com o que se pede.

Características comuns entre as pessoas	Características que podem ser diferentes entre as pessoas

2. Diante de um espelho, observe suas características físicas. Anote no caderno qual é a cor de seus cabelos, de seus olhos e de sua pele. Após coletar os dados, o professor montará uma tabela na lousa. Observe, então, os dados dessa tabela e depois responda no caderno às questões a seguir.

a) Qual é a cor predominante de olhos?

b) Que cor de cabelo é menos comum entre os alunos?

c) E qual cor da pele predomina na turma?

d) Por que os alunos da turma têm características físicas diferentes uns dos outros?

Como nascem os seres humanos

Os seres vivos têm a capacidade de gerar **descendentes**.

> **Glossário**
>
> **Descendente:** que se origina de outro ser, por exemplo, filhotes, filhos.

Essa característica garante que os diferentes seres vivos não desapareçam do planeta. Isso ocorre porque eles têm filhotes, que por sua vez poderão ter filhotes, que também poderão ter mais filhotes.

O período de gestação dos animais, isto é, o tempo em que a cria está em formação antes de vir ao mundo exterior, depende de cada espécie.

▶ O período de gestação de um leão é de 3 a 4 meses.

▶ O período de gestação de um elefante é de 22 meses.

Como todo ser vivo, os seres humanos também podem se reproduzir, originando descendentes.

O ser humano se desenvolve dentro da barriga da mãe. Esse período é chamado de **gestação** ou **gravidez**, e o bebê leva aproximadamente 9 meses para nascer.

▶ Os seres humanos podem se reproduzir.

O futuro bebê recebe tudo aquilo de que precisa para respirar e se alimentar dentro da barriga da mãe pelo **cordão umbilical**, que é uma ligação entre o organismo da mãe e o organismo do bebê.

Na gestação de humanos, o futuro bebê é chamado de **embrião** até o terceiro mês e de **feto** até o nascimento.

Quando o bebê nasce, o cordão umbilical é cortado. Em seu lugar, fica uma cicatriz, chamada umbigo.

O bebê, então, passa a respirar sozinho, mas ainda precisa de vários cuidados. Um desses cuidados é ser alimentado com o leite materno, o mais indicado para seu desenvolvimento.

Nós herdamos características de nossos antepassados

Você já sabe que os seres humanos têm muitas semelhanças e algumas diferenças entre si. Muitas características físicas podem ser **herdadas** diretamente dos pais, que também herdaram características dos antepassados deles.

Glossário

Herdado: adquirido por parentesco.

Observe a fotografia desta família. Os filhos são parecidos com os pais. Eles herdaram características da mãe e do pai.

▶ Os filhos herdam características dos pais.

Atividades

1 Complete as frases a seguir com palavras do quadro.

> gestação   umbigo   descendentes
> cordão umbilical   gravidez

a) Os seres vivos podem se reproduzir originando _____.

b) O período de desenvolvimento do bebê na barriga da mãe é chamado de _____ ou _____.

c) Antes de nascer, o bebê é alimentado pela mãe por meio do _____.

2 Leia o texto a seguir e, depois, responda às questões.

> Um bebê não sobrevive sozinho, depende totalmente de seus pais ou de quem cuide dele. E mais tarde, conforme for crescendo, dependerá da sociedade para poder se desenvolver.
> [...]
> As sociedades foram criadas para que os homens possam sobreviver e também conviver uns com os outros.
>
> Elena Antúnez e outros. *Diversidade:* somos diferentes, únicos e especiais. Barueri: Ciranda Cultural, 2008. p. 71.

a) De que cuidados um bebê necessita para sobreviver?

_____

b) Hoje você não é mais um bebê. Atualmente você também precisa de outras pessoas para se desenvolver? Será que uma pessoa pode, sozinha, suprir todas as suas necessidades?

_____

Nosso organismo continua mudando

Todos os seres vivos nascem e, um dia, morrem, e isso também ocorre com os seres humanos. Contudo, entre o nascimento e a morte, passamos por mudanças que podem ser sentidas em diferentes fases da vida.

Na **infância**, o organismo se desenvolve rapidamente. Aprendemos a falar, ficar em pé, andar, segurar e utilizar objetos.

Na **adolescência** ocorrem alterações no corpo. Essas mudanças ampliam as diferenças que existem entre meninos e meninas. Começam a crescer pelos no corpo, e as meninas desenvolvem seios, por exemplo.

Na **fase adulta**, o organismo atinge seu desenvolvimento máximo, e o corpo para de crescer. Geralmente nessa fase, o homem e a mulher estão prontos para se reproduzir e gerar descendentes.

Durante a **velhice**, ou terceira idade, o corpo também passa por mudanças e vai lentamente perdendo as características da juventude.

▶ A infância tem início no nascimento e termina aos 12 anos*.

▶ A adolescência é o período entre 12 e 18 anos*, aproximadamente.

▶ A fase adulta começa aos 18 e termina aos 64 anos.

▶ A velhice se inicia aos 65 anos. Essa é a última fase da vida.

*Dados de acordo com o Estatuto da Criança e do Adolescente – ECA. Disponível em: www.planalto.gov.br/CCIVIL_03/leis/L8069.htm. Acesso em: 20 fev. 2019.

As pessoas, em todas as fases da vida, merecem respeito: devem ter seus direitos garantidos e viver com dignidade. Os direitos são comuns a todas as pessoas; mas, dependendo da fase da vida em que elas estiverem, podem ter assegurados direitos específicos, como é o caso dos idosos e das crianças.

Os idosos têm seus direitos garantidos por meio de um documento, o Estatuto do Idoso, que foi sancionado em 1º de outubro de 2003. Seu objetivo é regular os direitos assegurados às pessoas com idade igual ou superior a 65 anos.

Os idosos, as crianças e os adolescentes têm direitos garantidos em leis próprias.

A seguir, você fará uma pesquisa e conhecerá um pouco melhor os direitos das crianças.

Todas as crianças têm direitos que devem ser respeitados. Esses direitos foram estabelecidos em 20 de novembro de 1959 por representantes de centenas de países. Faça uma pesquisa na internet para saber quais são os direitos das crianças.

Para realizar uma pesquisa, é muito importante acessar sites confiáveis e coletar dados em mais de uma fonte. Portanto, a seguir você encontra dois sites para consultar e a orientação de como acessá-los.

- No *site* <www.fiocruz.br/biosseguranca/Bis/infantil/direitodacrianca.htm>, você verá os dez direitos (princípios) da criança, todos eles ilustrados.
- O *site* <www.canalkids.com.br/unicef/declaracao.htm> também mostra os dez direitos (princípios) da criança. Na página 1 há quatro princípios. Para visualizar os demais, clique no lado direito inferior, no *link* "saber mais".

1 Tendo à mão as informações que pesquisou e anotou no caderno, reúna-se com dois colegas. Cada grupo representará, com desenhos ou ilustrações, um dos direitos básicos da criança em uma folha avulsa. Os trabalhos serão expostos no mural da sala de aula.

Atividades

1 Veja a fotografia de várias pessoas de uma família. Depois mencione oralmente em que fase da vida se encontram essas pessoas.

▶ Família formada por diversas pessoas, que se encontram em diferentes estágios da vida.

2 Observe a sequência de imagens e, com um colega, responda às questões.

a) Por que a barriga da mulher cresceu e depois diminuiu?

_____

_____

b) Quanto tempo costuma durar a gestação humana?

_____

c) Logo depois do nascimento, qual é o alimento que se dá ao bebê?

_____

d) E, antes de nascer, como o feto se alimenta?

_____

3. Rosana dorme com um bicho de pelúcia e gosta de andar de bicicleta. Ela é muito dedicada aos estudos, sabe ler e escrever muito bem. Gosta de livros e jogos que propõem desafios.

Rosana percebeu há pouco tempo que seu corpo mudou: os seios começaram a se desenvolver.

a) Em qual fase da vida Rosana está?

___

b) Pesquise imagens em livros e em revistas. Recorte e cole no caderno a imagem de uma pessoa que se encontra na mesma fase da vida de Rosana.

4. Observe a fotografia abaixo. Depois, converse com os colegas e o professor a respeito dela para responder às questões.

a) O que o menino está fazendo?

b) Como ele conseguiu ficar maior do que é?

c) Em que fase da vida humana ele se encontra?

d) Qual será a próxima fase depois dessa?

Saúde é um direito de todos!

Para uma pessoa ser considerada saudável, não basta que ela não esteja doente. É preciso praticar atividades físicas, dormir bem, adotar alimentação diversificada e nutritiva, ter bons hábitos de higiene e usufruir de momentos de lazer.

▶ Uma alimentação variada, além de saborosa, mantém o bom funcionamento do corpo para que ele não fique doente.

▶ Brincar e praticar atividades físicas são formas importantes de manter o organismo saudável.

▶ Ao lavar as mãos, eliminam-se a sujeira e os microrganismos que podem causar doenças.

▶ É importante consultar um médico periodicamente para verificar como está nossa saúde.

Vacina é bom

Uma das formas de prevenir doenças é a vacinação.

A vacina é uma substância que protege o organismo de certas doenças, pois o estimula a combatê-las. Portanto, ela deve ser tomada antes que a doença apareça – ou seja, é uma medida preventiva.

Atualmente, há vários tipos de vacina, por exemplo, contra tuberculose, poliomielite, febre amarela, rubéola, tétano, entre outras. A maioria das vacinas é administrada na infância, mas muitas delas necessitam de reforço ao longo da vida.

A Caderneta de Vacinação é o documento em que são registradas todas as doses de vacinas aplicadas.

Existem doenças para as quais ainda não existe vacina; esse é o caso da dengue.

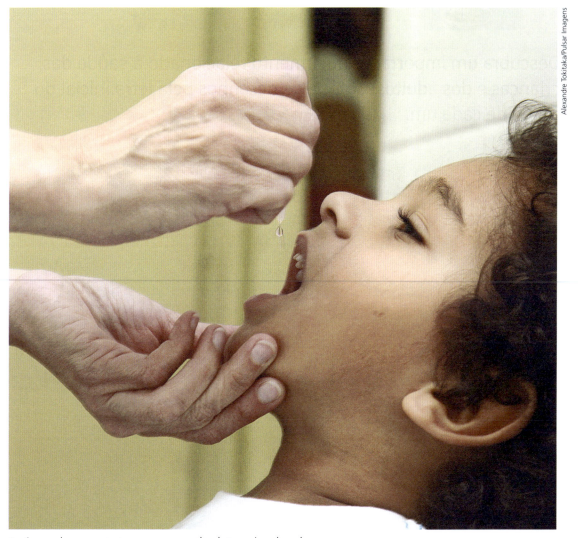

▶ As vacinas protegem o corpo de determinadas doenças.

Atividades

1 Assinale as imagens que mostram os cuidados que devemos ter com o corpo.

2 Descubra um importante documento relacionado à saúde das crianças e dos adultos. Troque os desenhos pela letra inicial do nome de cada um.

 Ç Ã

60

Vamos nos movimentar

Entre os cuidados de que o corpo necessita para se manter saudável, um dos principais é a atividade física, que inclui brincadeiras e esportes.

Praticar atividades físicas melhora a circulação do sangue, evita o acúmulo de gordura no organismo, melhora a capacidade respiratória e estimula o bom humor.

▶ Pular corda, jogar bola, nadar e dançar são algumas das atividades físicas que podemos praticar.

Olha esta postura...

Entre os cuidados para manter a saúde também estão alguns relacionados com a postura. A postura é a posição do corpo que adotamos ao caminhar, ao sentar e ao carregar objetos.

Verifique a seguir alguns cuidados que devemos ter com a postura.

- A mochila não deve ser muito pesada, e é preciso carregá-la com o peso distribuído nos dois ombros, posicionando-a no meio das costas.

- Dobre as pernas ao levantar do chão um objeto pesado. Agache-se e depois se levante. Assim, você não forçará a coluna.

- Evite deixar as costas tortas ao sentar-se. A tela do computador deve ficar na altura ou um pouco abaixo dos olhos. Para cada duas horas de atividade no computador, faça um intervalo de 15 minutos.

- Ao se sentar no sofá, mantenha as costas no encosto e apoie os pés no chão.

Ilustrações: Leonardo Conceição

Atividades

1 Pinte as imagens a seguir e depois marque um **X** na situação que mostra a menina sentada de modo correto.

2 Leia o texto e resolva as questões no caderno.

Para-atletas são exemplo de superação

Os jogos paraolímpicos são competições realizadas a cada quatro anos, com atletas de diversos países, sempre no mesmo ano e local onde acontecem os Jogos Olímpicos; logo após o término deles.

Todos os para-atletas apresentam algum tipo de deficiência: física, visual, auditiva ou intelectual. Eles competem em diversas modalidades – atletismo, natação, tênis de mesa e judô são alguns exemplos.

▶ Atleta paraolímpico disputa corrida em uma cadeira de rodas, na pista de atletismo.

a) O que são para-atletas?

b) Você concorda com o título do texto?

c) Copie do texto o trecho que indica o intervalo de tempo entre uma paraolimpíada e outra.

Como eu vejo
Animais de estimação

Os animais de estimação são animais domesticados que vivem muito próximo das pessoas.

Cães e gatos são os mais populares, mas outros, como roedores, peixes e aves, também são adotados pelas pessoas.

Veja alguns cuidados importantes que devemos ter com eles.

Nos espaços em branco, faça um desenho para os itens 2 e 4.

1 Antes de adquirir um animal de estimação, veja se você tem condições e tempo para cuidar dele.

2 Animais de estimação são seres vivos e merecem respeito e cuidados especiais. Visitas ao veterinário, por exemplo, são importantes para a vacinação, a prevenção e o tratamento de doenças.

4 Aproveite a companhia de seu animal de estimação, brinque com ele e lhe dê atenção.

3 Os animais de estimação não devem ser maltratados ou abandonados.

1. Por que você acha que esses animais são chamados "de estimação"?
2. Você tem animal de estimação ou conhece alguém que tenha? Acha que esse animal é bem cuidado?

Como eu transformo
Nossa relação com os animais

 Arte Língua Portuguesa

O que vamos fazer?
Um mural para divulgar os direitos dos animais.

Com quem fazer?
Com os colegas, o professor, as pessoas de sua convivência e as instituições ou pessoas que cuidam de animais.

Para que fazer?
Para as pessoas entenderem que os animais têm direitos e esses direitos devem ser respeitados.

Como fazer?

1. Você e os colegas conhecerão os 14 direitos dos animais. São direitos garantidos por lei, estabelecidos na Declaração Universal dos Direitos dos Animais.

▶ Cachorro.

2. Junte-se a alguns colegas e formem um grupo. O professor entregará a cada grupo o texto de um dos direitos.

3. Leiam e discutam o texto. Depois, na vez de vocês, leiam em voz alta o direito para a turma.

4. Levem o texto para casa e leiam-no para as pessoas com quem moram. Perguntem a elas se conhecem esse direito e se sabem de algum caso em que ele não é respeitado. Se houver, anotem o que elas disserem e tragam a resposta para a sala de aula.

5. Com o professor, convidem uma pessoa que cuide de animais abandonados ou em situação de sofrimento para vir à escola conversar sobre o assunto.

6. Por fim, com os colegas e o professor, decidam a melhor forma de fazer o mural e de divulgá-lo na escola.

Você gostou de participar desta atividade? Por quê?

Hora da Leitura

Se eu fosse um bicho

Você estudou que existem diferentes tipos de animais: grandes, pequenos, que voam ou nadam. Já pensou se você fosse um bicho? Leia o texto a seguir e depois faça o que se pede.

> Se você fosse um bicho
> Que tipo de bicho seria?
> Bicho bravo, feroz, de garras afiadas?
> Bicho manso e carinhoso, de pelo macio?
> Um bicho preguiçoso ou um bicho engraçado?
> Um bicho que voa lá no alto do céu...?
> Um bicho que corre, ou que se arrasta no chão?
> Bicho espinhento ou peludo...?
> Um bicho-papão?

Nye Ribeiro. *Jeito de ser*. São Paulo: Editora do Brasil, 2013. p. 6-9.

1. Como você responderia à pergunta inicial do poema? Você gostaria de ser um bicho que já existe ou criaria um novo bicho juntando características de animais diferentes?

2. Desenhe o bicho que você seria. Depois mostre o desenho para os colegas e explique por que você gostaria de ser esse bicho.

Revendo o que aprendi

1 Observe e classifique os animais a seguir. Faça um **X** na característica correspondente a ele.

	🐄	🐍	🐋	🦅
Silvestre				
Domesticado				
Anda				
Voa				
Rasteja				
Nada				

2 Observe as fotografias abaixo.

As imagens não estão representadas na mesma proporção.

▶ Lobo-guará, ameaçado de extinção.

▶ Jacutinga, ave também chamada de jacuapeti, jacupará e peru-do-mato, ameaçada de extinção.

a) O que significa estar ameaçado de extinção?

b) O que pode provocar a extinção de animais?

3 Assinale a alternativa correta.

a) As pessoas herdam características físicas dos:

☐ familiares.

☐ amigos.

☐ filhos.

b) Uma característica que pode diferenciar as pessoas é:

☐ ter dois olhos.

☐ a cor dos olhos.

c) Uma característica comum a todas as pessoas:

☐ ter o mesmo gosto.

☐ ter gostos diferentes.

4 Ligue cada uma das fases da vida humana à sua principal característica.

a) infância

b) adolescência

c) fase adulta

d) velhice

• O corpo também passa por mudanças e lentamente perde as características da juventude.

• A fase mais longa do desenvolvimento humano.

• Rápido crescimento, que se inicia logo após o nascimento.

• Acentuam-se as diferenças físicas entre meninas e meninos.

5 Escreva uma atitude que contribui para manutenção da saúde.

_____

Nesta unidade vimos

As imagens não estão representadas na mesma proporção.

- Existem animais silvestres e domesticados. Entre os animais domesticados estão aqueles que vivem muito próximo das pessoas. São os animais de estimação. Eles necessitam de cuidados especiais para se manter saudáveis.

▶ Tucano, animal que tem o corpo revestido de penas e voa, conforme visto na página 41.

- Os animais podem ser aquáticos ou terrestres. Existem ainda os que passam parte do ciclo de vida na água e parte na terra, como os sapos.

- Outras características também podem diferenciar os animais, como revestimento do corpo, locomoção, alimentação, forma de desenvolvimento etc.

▶ Onça-pintada, animal ameaçado de extinção, conforme visto na página 45.

- Muitos animais estão ameaçados de extinção devido ao tráfico de animais, à derrubada das matas e à poluição dos ambientes.

- Existem semelhanças e diferenças entre as pessoas. Os seres humanos nascem da barriga da mãe e passam por mudanças durante a sua vida.

- A atividade física contribui para a saúde física e mental e é muito importante cuidar da postura para não prejudicar o organismo.

Para finalizar, responda:

▶ Qual é a importância dos animais domesticados para os seres humanos?
▶ Como os seres humanos podem evitar a extinção dos animais?
▶ As pessoas são todas iguais? Quais são as principais fases de vida de uma pessoa? O que as caracteriza?

Para ir mais longe

Livros

▶ **A baleia-corcunda**, de Rubens Matuck. São Paulo: Biruta, 2003.
Conheça a vida das baleias, como elas nascem, seus hábitos alimentares e outras características nesse belo livro.

▶ **Eu, você e tudo que existe**, de Liliana Iacocca. São Paulo: Editora Ática, 2013.
Esse livro em forma de fábula discute a relação do ser humano com o meio ambiente: a harmonia, o afastamento, a destruição e a necessidade de recomeçar.

▶ **Livro vermelho das crianças**, de Otávio Maia e Tino Freitas. Brasília: Ibict, 2015.
Traz informações sobre espécies da fauna brasileira ameaçadas de extinção e é ilustrado com desenhos feitos por 76 crianças!

Filme

▶ **Rio**. Direção de Carlos Saldanha. Estados Unidos: Blue Sky Studios, 2011, 96 min.
A animação incentiva a pensar no equilíbrio ambiental e mostra uma das causas do desequilíbrio: o contrabando de animais.

Site

▶ **Jogo da memória – Fauna em extinção**: <http://7a12.ibge.gov.br/brincadeiras/jogo-da-fauna>.
Jogo da memória com três fases. Assim, você conhecerá o nome de alguns animais em extinção.

Visitação

▶ **Bosque da Ciência. Manaus, Amazonas**.
Dispõe de trilha para educação ambiental com atrações como peixe-boi e jacaré. Mais informações em: <http://bosque.inpa.gov.br/bosque/index.php>.

▶ **Guia de Centros e Museus de Ciências do Brasil – 2015**. Para outros museus brasileiros, consulte: <www.casadaciencia.ufrj.br/Publicacoes/guia/Files/guiacentrosciencia2015.pdf>.

UNIDADE 3
As plantas e o ambiente

- Você reconhece as plantas da imagem? E os animais?
- Você consegue ver as plantas por inteiro? Se não, quais partes não estão visíveis?
- Em sua opinião, o que causou o estrago no vaso com ervas?

Fabiana Salomão

CAPÍTULO 1 — As plantas

Mural com folhas

Vamos fazer uma exposição artística?

1. Peça a um adulto que o ajude a coletar folhas de cinco plantas diferentes, de preferência as caídas no chão. Pode ser em horta, jardim ou praça.

2. Observe bem o tamanho da planta e de suas folhas.

3. Leve as folhas para a escola, sem amassá-las. Sente-se com os colegas em roda, mostre suas folhas e descreva algumas características delas: tamanho, forma e cor; se estão frescas, murchas ou amareladas etc. Se possível, observe as folhas com uma lupa.

4. Em seguida, junte-se aos colegas e colem algumas das folhas sobre uma folha de cartolina.

5. Façam o contorno das folhas com lápis de cores parecidas com as delas. Com o professor, procurem um local da escola para a exposição.

Olho vivo!

Cuidado com **animais peçonhentos** que podem estar sob as folhas. Colete-as com luvas de borracha ou utensílio em forma de pinça.

Michel Borges

Glossário

Animal peçonhento: aquele que tem veneno e pode injetá-lo no corpo de outros seres vivos.

Plantas e seus ambientes

Onde você vive há muitas plantas?

Podemos encontrar plantas de diferentes formas e tamanhos. Elas estão em quase todos os tipos de ambientes.

A maioria delas vive em ambiente terrestre, mas alguns tipos de planta podem viver na água.

As imagens a seguir mostram três plantas terrestres: araucária, mandacaru e capim dourado, e uma planta aquática, o aguapé. Quais são as semelhanças e diferenças entre elas?

As imagens não estão representadas na mesma proporção.

▶ A araucária é uma planta terrestre grande. Podemos encontrá-la em alguns ambientes de floresta no Brasil.

▶ O mandacaru é uma planta terrestre encontrada em ambientes mais secos do Brasil. Ela pode acumular água em seu corpo.

▶ O capim dourado é uma planta terrestre encontrada no estado do Tocantins.

▶ O aguapé é uma planta aquática capaz de flutuar sobre a água.

A importância das plantas

As plantas são fundamentais para a vida.

Elas servem de abrigo a muitos animais e protegem o solo, pois suas raízes estão fixas nele e impedem que a água da chuva e o vento o desgastem.

▶ Alguns pássaros constroem ninhos em árvores utilizando partes de outras plantas.

Assim como nós, seres humanos, muitos animais dependem das plantas para sobreviver, pois se alimentam delas ou de animais que se alimentam de plantas.

▶ A lagarta depende das plantas para se alimentar.

As imagens não estão representadas na mesma proporção.

Além da alimentação, utilizamos certas plantas na produção de remédios e roupas. Muitas árvores com tronco são utilizadas na fabricação de moradias e móveis.

▶ Casa feita de madeira extraída de plantas.

O **desmatamento** e as queimadas são as principais ameaças às plantas. Quando removemos as plantas de um ambiente, prejudicamos todos os outros seres vivos que dependem delas.

Por isso, é importante cuidar das plantas e respeitá-las, evitando arrancá-las sem motivo ou maltratá-las.

Glossário

Desmatamento: remoção total ou parcial das plantas de uma região.

Atividades

1 Procure em revistas e jornais duas plantas bem diferentes quanto ao ambiente em que vivem, ao tamanho, à forma e à cor. Cole-as em uma folha avulsa e escreva as diferenças que você observar entre elas.

2 Escreva abaixo de cada imagem se a planta é terrestre ou aquática. Depois, explique sua resposta.

▶ Campo de produção de batatas.

▶ Jacinto-de-água ou aguapé.

3 Associe as frases a seguir com suas respectivas fotografias.

> As imagens não estão representadas na mesma proporção.

a) As plantas fornecem alimento para os seres humanos.

b) As árvores formam sombra e deixam o ambiente mais fresco.

c) As plantas proporcionam abrigo para muitos animais.

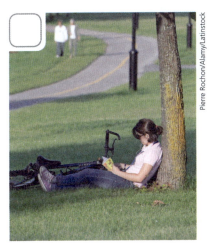

CAPÍTULO 2 — As plantas e suas partes

Recordando nomes de plantas

Você já viu uma horta? Sabe quais produtos são plantados nela?

Que horta

Rabamate e pepigrião
Deu na horta do Zimpão,
Escabola e repobrinha,
Cenotata bem miudinha,
E também banacaxi,
Perancia e melaqui,
Mamaranja e ameireja,
E ainda, ora veja,
Abaranga e goianás!
[...]

Tatiana Belinky. *Que horta*. São Paulo: Paulinas, 2012. p. 11-14.

1 No poema estão misturados nomes de diferentes plantas. Você consegue descobrir o nome de algumas delas?

Partes das plantas e suas funções

As plantas precisam de alimento para sobreviver; mas, diferentemente dos animais, a maioria delas é capaz de produzir o próprio alimento.

Em geral as plantas têm raiz, caule, folha, flor, fruto e semente. Cada parte da planta tem sua função. Observe a imagem do mamoeiro abaixo.

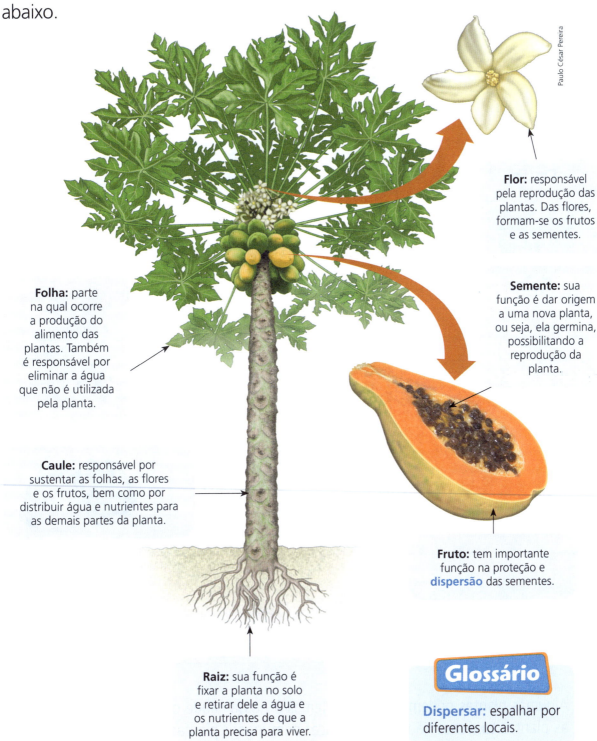

Flor: responsável pela reprodução das plantas. Das flores, formam-se os frutos e as sementes.

Semente: sua função é dar origem a uma nova planta, ou seja, ela germina, possibilitando a reprodução da planta.

Folha: parte na qual ocorre a produção do alimento das plantas. Também é responsável por eliminar a água que não é utilizada pela planta.

Caule: responsável por sustentar as folhas, as flores e os frutos, bem como por distribuir água e nutrientes para as demais partes da planta.

Fruto: tem importante função na proteção e **dispersão** das sementes.

Raiz: sua função é fixar a planta no solo e retirar dele a água e os nutrientes de que a planta precisa para viver.

Glossário

Dispersar: espalhar por diferentes locais.

Plantas e alimentação

As partes de muitos tipos de planta são utilizadas na alimentação dos seres humanos e, por isso, são chamadas de **comestíveis**.

Observe alguns exemplos.

> As imagens não estão representadas na mesma proporção.

Folha	couve	alface	hortelã
Fruto	cupuaçu	abacate	tomate
Raiz	cenoura	rabanete	batata-doce
Semente	feijão	lentilha	amendoim
Flor	couve-flor	brócolis	alcachofra
Caule	palmito	cana-de-açúcar	aspargo

Algumas plantas podem causar problemas à nossa saúde ou à de outros animais. São as plantas **tóxicas**. Não devemos tocar nem ingerir plantas que não conhecemos.

Atividades

1. Em grupo, elabore com os colegas um cartaz com partes de planta: raiz, caule, folha, flor, fruto ou semente. Para isso, cada um de vocês ficará responsável pelo desenho de uma dessas partes em uma folha avulsa. Depois, em uma folha de papel pardo, escrevam o título: "Partes da planta". Colem o desenho de cada parte e escrevam o nome da planta à qual ela pertence. Por fim, afixem no mural da sala e informem para a turma qual é a função de cada parte.

2. Escreva as partes da planta indicadas pelos números.

As proporções entre as estruturas representadas não são as reais.

3. Destaque a **página 143** e cole-a em uma cartolina. Recorte as peças, monte o quebra-cabeça e pinte cada parte da planta assim:

- 🟥 Parte da planta responsável por iniciar sua reprodução.
- 🟨 Parte da planta responsável pela produção de alimento.
- 🟫 Parte da planta responsável por sustentar a planta e distribuir substâncias para as demais partes.
- 🟩 Parte da planta responsável pela dispersão das sementes.
- 🟦 Parte da planta responsável por originar uma nova planta.
- 🟧 Parte da planta responsável por fixar a planta no solo e retirar água e nutrientes dele.

4. Pesquise com seus familiares ou na internet o uso de folhas, como as de beterraba e de rabanete, ou da casca de banana, em receitas variadas. Traga uma receita para a escola. Com os colegas e o professor, selecionem uma das receitas e organizem-se para fazê-la.

CAPÍTULO 3
Desenvolvimento das plantas

Boneco de alpiste

Vamos construir um boneco com cabelos de alpiste? Você precisará de meia-calça fina, serragem, tesoura, sementes de alpiste, água, cola e materiais para decorar o boneco, como palitos de dente, cartolinas e canetas coloridas.

Karina Faria

1. Forme grupo com três colegas. Peça ao professor que corte a meia-calça na região do tornozelo, aproveitando apenas os pés.
2. Coloquem na meia uma camada fina de sementes de alpiste e depois preencham com a serragem. Amarrem a meia para fechá-la.
3. Virem a meia com o nó para baixo e façam a cara do boneco. Enfeitem como preferirem, mas não cubram a parte de cima.
4. Deixem o boneco em um local iluminado da escola e, durante duas semanas, molhem a parte de cima da meia todos os dias. Anotem o que aconteceu em cada dia.

1. O que aconteceu com a cabeça do boneco? Por quê?

2. Agora, terminem a decoração da cabeça e decidam, com o professor, se o boneco ficará na escola ou se alguém vai levá-lo para casa.

Na prática — Experimento

Uma semente pode germinar, se não receber água?

Material:

- 2 copos transparentes;
- algodão;
- 2 etiquetas;
- lápis;
- água;
- 10 sementes de feijão.

Procedimentos

1. Coloque as etiquetas para identificar os copos como **A** e **B**.
2. Ponha uma porção de algodão no fundo de cada copo.
3. Com cuidado, umedeça o algodão do copo **A**.
4. Coloque cinco sementes de feijão em cada copo.
5. Umedeça o copo **A** diariamente.
6. Mantenha os dois copos em um local que receba a luz do Sol e observe-os diariamente.

Agora, faça o que se pede a seguir.

1 Nos quadros abaixo, faça desenhos para mostrar como os feijões ficaram depois de 4 dias e depois de 7 dias.

2 O que aconteceu com as sementes que não receberam água? Por quê?

Na prática — Experimento

A luz solar interfere no desenvolvimento das plantas?

Material:

- 2 copos baixos;
- algodão;
- 2 etiquetas;
- caixa de sapato com tampa;
- tesoura;
- lápis;
- água;
- 10 sementes de feijão.

Procedimentos

1. Use as etiquetas para identificar os copos como **A** e **B**.
2. Ponha uma porção de algodão no fundo de cada copo e molhe-os.
3. Coloque 5 sementes de feijão em cada copo.
4. Deixe o copo **A** em um local iluminado e o **B** dentro da caixa de sapato, em um dos cantos. Peça ao professor que faça um furo pequeno na caixa no lado oposto ao do copo **B**. Mantenha a caixa tampada.
5. Molhe o algodão dos dois copinhos todos os dias.

Agora, faça o que se pede a seguir.

1. Em cada observação que fizer, escreva em uma folha avulsa a data e como estão as sementes de feijão de cada copo.

2. Depois de 7 dias, desenhe como está o feijão que mais se desenvolveu e pinte-o.

3. Converse com os colegas e procurem explicar o resultado do experimento.

De que as plantas precisam?

As plantas, assim como os outros seres vivos, dependem dos componentes não vivos (ar, água, solo e luz solar) para sobreviver.

As plantas terrestres necessitam do solo. É nele que elas fixam as raízes por meio das quais retiram os **nutrientes** minerais para produzir seu alimento.

A água é importante porque leva os nutrientes às outras partes da planta. Sem ela, as plantas não são capazes de receber nutrientes e de crescer.

Elas precisam também do ar para respirar e produzir seu alimento.

As plantas necessitam demais da energia fornecida pela luz solar. Sem ela, as plantas também não conseguem produzir seu alimento e, com o tempo, morrem. Por isso, quando são colocadas em local escuro que tenha uma pequena entrada de luz, as plantas crescerão em direção a essa entrada, como você observou na atividade da página anterior.

Glossário

Nutriente: substância fundamental para a sobrevivência dos seres vivos, que a retiram dos alimentos, do solo ou da água.

As folhas aproveitam a **luz** que vem do Sol.

As folhas absorvem do **ar** gases importantes para produzir seu alimento e respirar.

A planta absorve a **água** e os **nutrientes** minerais do solo, que são transportados para as folhas.

O desenvolvimento das plantas

As plantas, assim como todos os seres vivos, nascem, crescem, podem se reproduzir e morrem.

No **ciclo de vida** de uma macieira, as sementes germinam e dão origem a uma planta jovem e pequena. Com o passar do tempo, ela cresce e se desenvolve. Um dia, a árvore poderá se reproduzir e, mais tarde, ela morre.

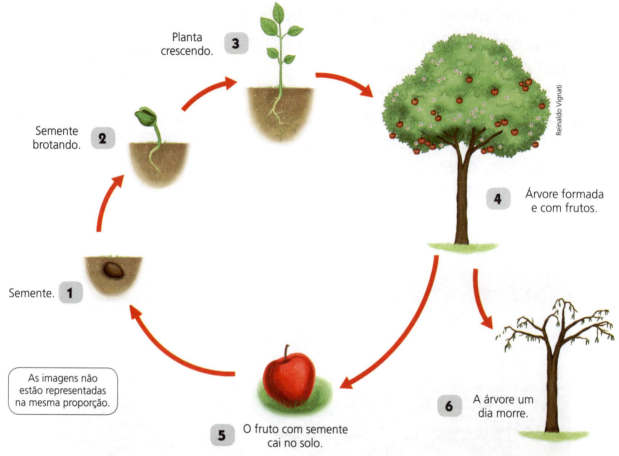

▶ Ciclo de vida de uma macieira.

Muitas plantas nascem de sementes, como o feijão, utilizado nas atividades das páginas 83 e 84.

Algumas podem nascer também de outras partes da planta, como a violeta, que pode brotar de uma folha.

▶ Folha de violeta sendo plantada.

Atividades

1 As imagens representam as fases de desenvolvimento de uma planta. Elas estão fora de ordem. Numere-as na sequência correta.

> As imagens não estão representadas na mesma proporção.

2 Leia o texto e depois responda às questões.

▶ Sequoia-gigante no Parque Nacional da Sequoia, na Califórnia.

[...] O período de vida de uma árvore varia muito. Um pessegueiro não passa dos 30 anos, enquanto uma sequoia--gigante, [...] supera os 3 000 anos de idade. Engana-se, porém, quem pensa que **longevidade** é sinônimo de vida tranquila. [...]

Há perigos durante toda a trajetória: falta de água ou de nutrientes no solo, variações inesperadas de temperatura, ventos fortes ou mesmo a poluição [...] O maior problema, entretanto, ainda é o desmatamento [...].

Glossário

Longevidade: longa duração de vida.

A infância, a adolescência e a velhice das plantas. *Mundo estranho*. Disponível em: <https://super.abril.com.br/mundo-estranho/a-infancia-a-adolescencia-e-a-velhice-das-plantas/>. Acesso em: 12 abr. 2019.

a) Todas as plantas têm o mesmo tempo de vida? Explique.

b) Cite alguns problemas que podem ameaçar a longevidade de uma árvore.

CAPÍTULO 4
Relações na natureza

Teia de relações

Escolha, com os colegas, um componente ambiental da natureza para representar. Sigam as regras.

1. Escrevam o nome do componente que vocês representam em um pedaço de papel e prendam esse papel na roupa.
2. O professor segura a ponta de um rolo de barbante, fala o nome de um componente e joga o rolo nas mãos do aluno que o representa.
3. Esse aluno pega o rolo, segura no fio e, sem soltá-lo, fala o nome de outro componente, depois joga o rolo para o colega representante.
4. O jogo continua até que todos os alunos estejam segurando o barbante e formando uma teia.

Em seguida, responda às questões:

1. O que aconteceria se alguém soltasse o barbante?
2. E se um dos elementos desaparecesse?

Tudo está relacionado

Os elementos vivos e os componentes não vivos de um ambiente se relacionam. Observe um exemplo dessa relação na história a seguir.

O passarinho derrubou uma sementinha no solo.

Lá ela pôde crescer e se desenvolver.

Confor-Pedro

A água da chuva e a luz do Sol possibilitaram o crescimento da planta.

As imagens não estão representadas na mesma proporção.

Os frutos da árvore serviram de alimento para muitos animais.

As fezes do animal, isto é, o cocô, deixaram nutrientes no solo. Solos ricos em nutrientes são bons para as plantas e para animais, como as minhocas.

O animal da história depende de todos os seres vivos e componentes não vivos apresentados. A dependência dele pode ser direta, como do fruto da planta do qual ele se alimenta, ou indireta, como do pássaro que derrubou a semente, da água da chuva e da luz solar. Assim, todos estão de alguma maneira interligados na natureza.

Atividades

1 Os seres vivos agem sobre outros componentes do ambiente. Observe a imagem ao lado e responda às questões.

a) Que seres vivos você observa na fotografia?

_____

b) Qual é a importância da árvore para o pássaro?

_____

c) O que aconteceria com o animal se as árvores do local fossem cortadas?

_____

_____

2 Observe as imagens abaixo.

a) As minhocas são encontradas em solos fofos e ricos em matéria orgânica. A atuação delas torna o solo mais rico em nutrientes minerais e fértil.
Considerando os solos das imagens acima, em qual deles é mais provável que haja minhocas?

b) Podemos afirmar que existe uma relação favorável entre os componentes não vivos do ambiente e os seres vivos, como as minhocas? Justifique.

90

#Digital

Pesquisa de imagens

Você já sabe que plantas e animais se relacionam nos ambientes em que vivem.

Muitos animais dependem das plantas para se alimentar e muitas plantas dependem de animais para se reproduzir. Sabia que algumas dessas relações podem ser mostradas com imagens?

Nesta atividade, você e os colegas pesquisarão algumas dessas imagens na internet.

▶ Crianças pesquisando no computador.

◎ Olho vivo!

ATENÇÃO! Ao usar o computador, posicione-se diante dele e reveze o uso com os colegas. Tenha paciência e aguarde a sua vez.

1. Acompanhem o professor a uma sala da escola em que haja computador para uso dos alunos.

2. Abram um programa buscador de imagens.

3. Decidam com o professor as palavras-chave adequadas para buscar as imagens desejadas.

4. Criem um arquivo em um programa editor de texto; depois salvem esse arquivo com um nome que identifique seu grupo.

5. Colem as fotografias selecionadas nesse arquivo.

6. Faça uma legenda para cada foto explicando a relação que ela mostra.

7. Escrevam e enviem um *e-mail* às pessoas de sua convivência com o arquivo do grupo anexado para que elas possam apreciar o trabalho.

Hora da leitura

Fora de controle

Leia a tirinha a seguir.

1 Por que o personagem Calvin afirma que tem o controle do destino da planta?

_____

_____

2 De que uma planta precisa para se desenvolver? Todos esses componentes se encontram na tirinha? Onde?

_____

_____

3 O que acontece no final da história? Calvin tinha razão sobre controlar o destino da planta?

_____

_____

4 O que você pode concluir dessa história? Forme dupla com o colega e discutam a questão.

O trabalho com as plantas

Déborah Yara Alves Cursino dos Santos faz pesquisas para conhecermos cada vez melhor as plantas: como se desenvolvem e se reproduzem e como se relacionam com os outros seres vivos.

Déborah Yara

Quais são as principais semelhanças entre o ser humano e as plantas?

As plantas, assim como nós, são seres que respiram, se reproduzem, são capazes de se defender de alguns perigos e estão adaptados a diversas regiões do planeta.

Que motivo levou você a se interessar por essa área de plantas?

Eu resolvi estudar e trabalhar nessa área da ciência, que se chama Botânica, porque os vegetais estão presentes em todos os momentos de nossa vida e são muito importantes para a manutenção da Terra.

▶ Déborah é professora universitária de Botânica.

Qual é a importância do conhecimento sobre as plantas para a sociedade?

As plantas são fonte de alimento, abrigo, vestimenta, produtos de higiene, remédios e até mesmo combustível. Além disso, elas nos trazem imensa sensação de bem-estar.

Que orientação você daria para uma criança interessada em conservar a flora?

O mais importante é compreender que as plantas são seres vivos, que não devem ser arrancadas ou cortadas sem necessidade. Também é preciso estudá-las para conhecê-las e preservá-las.

1 Com alguns colegas, elaborem perguntas para entrevistar alguém que trabalhe com plantas. Anotem a data, o nome do entrevistado e a profissão dele.

Revendo o que aprendi

As imagens não estão representadas na mesma proporção.

1. Observe as fotografias e classifique as plantas em **terrestres** ou **aquáticas**.

a)

_____

c)

_____

b)

_____

d)

_____

2. Escreva o nome da parte indicada pela seta em cada planta. Depois, escreva o número que indica a função dessa parte.

_____   _____   _____

1. Responsável pela reprodução da planta.
2. Responsável por proteger e auxiliar na dispersão das sementes.
3. Responsável pela sustentação da planta, além do transporte de substâncias.

◆ Que outras partes uma planta pode ter?

_____

3 Neste texto, a personagem é uma semente que narra sua história. Leia-o com atenção e depois responda às questões.

Estava bem no alto quando o vento parou e comecei a cair, sem conseguir subir novamente, por mais força que eu fizesse. Fui rodopiando, rodopiando, até bater numa coisa dura que me deixou **atordoada**. Nem sabia onde tinha caído. Logo que pude olhar em volta, vi que estava em cima de uma pedra. [...]

Nessa noite a chuva caiu com vontade e a terra sorveu satisfeita a água que vinha do céu. [...]

De novo cheia de vida, eu tinha minhas hastes prontas para abrirem-se em flores. As folhas preparavam a **seiva** para alimentar os botões que em breve abririam suas pétalas.

Glossário
Atordoado: confuso.
Seiva: líquido que circula pelo corpo da planta transportando nutrientes.

Iza Ramos de Azevedo Souza. *A sementinha bailarina*. São Paulo: Editora do Brasil, 2006. p. 7, 26 e 27.

a) Ao perceber que caiu em uma pedra, a semente ficou preocupada. Por que é mais difícil para uma semente viver em uma pedra?

_____

b) Por que as plantas deram graças aos céus pela chuva que caiu?

_____

_____

4 Observe a tirinha e responda à questão a seguir.

Considerando-se as relações entre os seres vivos, o que ocorreu na história?

Nesta unidade vimos

As imagens não estão representadas na mesma proporção.

- Existe grande diversidade de plantas e elas ocupam diferentes hábitats. Para sobreviver, fabricam o próprio alimento.
- As plantas são muito importantes para o solo e para os seres vivos, pois são usadas como abrigo e alimento.
- A maioria das plantas tem raiz, caule, folha, flor, fruto e sementes. Muitas dessas partes das plantas são comestíveis.
- As plantas não germinam sem água e têm seu desenvolvimento prejudicado sem a luz.

▶ Araucária, uma planta terrestre, conforme visto na página 75.

▶ Aguapé, uma planta aquática, conforme visto na página 75.

▶ Pessoa plantando folha de violeta, conforme visto na página 86.

- As plantas podem se reproduzir por meio de sementes ou por outras de suas partes.
- Os seres vivos relacionam-se entre si e também com os componentes não vivos do ambiente. O desmatamento e as queimadas são as principais ameaças às plantas.

Para finalizar, responda:

- O que diferencia as plantas dos animais?
- Quais as partes das plantas e suas respectivas funções?
- Do que uma planta precisa para se desenvolver?

Para ir mais longe

Livros

▶ **As plantas em poucas palavras**, de Meritxell Martí, Cristina Villela e Lluís Borràs. São Paulo: Escala Educacional, 2008.

A história proporciona às crianças a descoberta de árvores, flores, ervas e muitas frutas.

▶ **Era uma vez uma semente**, de Judith Anderson. São Paulo: Scipione, 2012.

O livro conta a história de uma garota que, com o avô, descobre o processo de desenvolvimento das plantas.

▶ **Onde canta o sabiá**, de Regina Rennó. Belo Horizonte: Compor, 2008.

Com as interessantes e significativas imagens desse livro, você conhecerá melhor os problemas ambientais, como desmatamento e poluição.

Filme

▶ **Os sem-floresta**. Direção de Tim Johnson e Karey Kirkpatrick. Estados Unidos: DreamWorks Animation, 2006, 83 min.

O filme conta a história de uma turma de animais cujo hábitat foi reduzido por causa da construção de uma cidade.

Site

▶ **Fruta, verdura ou legume?**: <http://chc.org.br/fruta-verdura-ou-legume>.
Trata da classificação das partes das plantas que servem de alimento aos seres humanos.

Visitação

▶ **Jardim Botânico do Rio de Janeiro**. São cerca de 9 mil árvores das mais variadas espécies para você conhecer, além de orquidário, bromeliário e cactário. Mais informações em: <www.jbrj.gov.br>.

▶ **Guia de Centros e Museus de Ciências do Brasil – 2015**. Para outros museus brasileiros, consulte: <www.casadaciencia.ufrj.br/Publicacoes/guia/Files/guiacentrosciencia2015.pdf>.

UNIDADE 4
Materiais, cuidados e invenções

- De que materiais você acha que são feitos os objetos da ilustração?
- O ser humano precisou desenvolver tecnologia para fazer os objetos da sala de aula. Em que esses objetos nos ajudam?

CAPÍTULO 1 — Propriedades dos materiais

Materiais e suas utilidades

Faça um **X** na sombra que corresponde exatamente à figura.

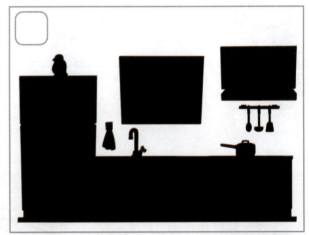

1 Identifique ao menos três objetos na primeira imagem.

2 Qual é o nome deles e para que servem?

3 Você sabe de que material é feito cada um desses objetos?

Conhecendo diferentes materiais

Na atividade da página anterior, há duas panelas sobre o fogão. Elas são utilizadas para cozinhar os alimentos.

As panelas mais comuns são feitas de **metais**, como alumínio e ferro, mas também há panelas feitas de outros materiais. Veja as fotografias.

▶ Panela de ferro.

▶ Panela de vidro.

▶ Panela de barro.

O material usado na fabricação de um objeto depende da utilidade dele, isto é, para que será usado. Por exemplo: é possível usar uma panela feita de papel ou tecido? Não daria certo, pois a panela é aquecida no fogo e seu material precisa aquecer facilmente e ser resistente ao calor, suportando altas temperaturas.

Glossário

Metal: material comum na natureza, com brilho característico.

Então, se o metal esquenta, como a panela pode ser retirada do fogo sem que nossas mãos se queimem? Observe.

▶ O cabo da panela geralmente é feito de um material que não esquenta tão facilmente quanto o metal, como madeira.

▶ Se o cabo da panela não for feito de um material que demora para aquecer, deve-se usar proteção ao manuseá-lo.

De acordo com as características de um objeto e sua função, ele é produzido com certo tipo de material. Uma panela, como já vimos, pode ser feita de ferro, alumínio, barro ou vidro especial, materiais que aquecem facilmente.

Por ser um metal resistente, o ferro também é usado para fabricar outros objetos, como carros, portões e grades.

Já a borracha, em razão de sua **elasticidade** (ou **flexibilidade**), serve para preencher espaços entre as peças de ferro de um carro, entre muitas outras utilidades.

▶ A borracha é mole, pode ser moldada e vedar frestas na porta de um carro.

Os materiais e a passagem da luz

Veja as fotografias a seguir. Você consegue observar os lápis através dos objetos em cada uma delas?

▶ Lápis observados através de uma placa de vidro.

▶ Lápis observados com um pedaço de madeira na frente.

▶ Lápis observados através de uma folha de papel vegetal.

Como você pode perceber, apenas no primeiro caso é possível ver os objetos com clareza e precisão. Isso ocorre porque o vidro é um **material transparente** e deixa passar totalmente a luz.

No segundo caso, não é possível ver os objetos porque a madeira é um **material opaco**, que barra a passagem da luz.

No terceiro caso, é possível enxergar os objetos, mas não de forma clara e precisa. Isso ocorre porque o papel vegetal é um **material translúcido**, que deixa a luz passar parcialmente.

Atividades

1 A âncora é usada na navegação para prender a embarcação ou outros objetos flutuantes ao solo. Observe a imagem ao lado e responda às questões.

a) De que tipo de material é feita a âncora da imagem?

_____

b) Por que esse tipo de material é utilizado na fabricação de âncoras?

_____

2 Na imagem a seguir, considerando a passagem de luz através dos materiais, indique o tipo de material utilizado e justifique seu uso.

CAPÍTULO 2
Prevenção de acidentes

Caminho seguro

Ajude Léo a chegar a seu destino em segurança.

1. Existem alguns perigos no caminho até a moradia de Léo. Quais?

2. Você sabe por que esses objetos são perigosos?

Cuidados no uso de objetos e materiais

Você aprendeu que alguns materiais, como a madeira do cabo de uma panela de metal, são capazes de nos proteger de queimaduras. Mas existem materiais que são perigosos se não forem usados com cuidado, como os materiais cortantes e os inflamáveis. Vamos conhecê-los.

Objetos cortantes que têm superfícies afiadas podem ferir quem os manuseia.

A tesoura é usada para cortar. Assim, é necessário que esteja bem afiada para fazer um bom corte. Porém, apesar de útil, é um objeto perigoso e pode causar ferimentos se não for usada de forma adequada.

▶ Uma tesoura com ponta fina pode machucar quem a usa. Para prevenir acidentes, prefira tesouras sem ponta.

▶ Cuidado ao tentar limpar um local com pedaços de vidro quebrado, você pode se cortar.

Você já viu um símbolo como esse ao lado? Ele é usado para identificar objetos feitos de materiais que pegam fogo com facilidade. Esses materiais são chamados de **inflamáveis**. Alguns deles são: gasolina, querosene, álcool, papel, entre outros.

▶ O símbolo de material inflamável serve de alerta para as pessoas tomarem cuidado ao expor esse tipo de material ao fogo.

Nos postos de gasolina esse símbolo é bem comum. Os combustíveis são altamente inflamáveis, portanto é importante que todas as pessoas tomem cuidado para evitar um incêndio.

▶ Na carroceria dos caminhões que transportam combustível, há o símbolo de material inflamável.

Um pouco mais sobre

Cuidados no descarte de materiais cortantes e perfurantes

Leia o texto a seguir e depois conte aos adultos de sua casa como deve ser feito, de forma segura, o descarte de vidros e outros materiais cortantes e perfurantes.

Cuidados antes de descartar

Latas de conservas: Dobre a tampa ou remova por completo[...]. Embrulhe em jornais ou acondicione dentro de caixas de papelão.

Cacos de vidro: [...] Embale em caixas de papelão ou embrulhe com algum material que não se rompa com facilidade.

Espetos para churrasco, pregos, parafusos [...]: Devem ser acondicionados em algum recipiente rígido resistente a rupturas, como garrafas PET, por exemplo.

Sempre que descartar este tipo de material, devidamente embalado, identifique de forma legível, com uma inscrição de alerta informando o material existente. Por exemplo: CUIDADO, VIDRO!

Disponível em: <www.sbcvr.com.br/download/FolhetoLixoSeguro.pdf>.
Acesso em: 28 jul. 2017.

1 Você já se feriu com algum objeto cortante? Como isso aconteceu?

2 Por que é importante ter cuidado com o descarte do lixo?

3 Sua família tem cuidados especiais ao descartar o lixo? O que vocês fazem?

Atividades

1 Alguns objetos parecem inofensivos, mas, dependendo da forma como são utilizados ou manuseados, podem oferecer riscos à saúde. Observe a situação ao lado e descreva o que você acha que aconteceu.

_____

_____

2 Em um salão de beleza são usados produtos para remover esmalte das unhas. No frasco desses produtos há o símbolo de produto inflamável. O que isso significa?

_____

_____

3 Observe as imagens a seguir.

Qual das imagens representa a atitude mais adequada para a prevenção de acidentes, considerando que uma criança vai usar as tesouras? Por quê?

_____

_____

CAPÍTULO 3
Por que as pessoas inventam coisas?

Inventar para resolver problemas

1 De que forma os lápis contribuíram para resolver o problema?

Invenções facilitam a vida

As pessoas sempre procuram soluções para superar as dificuldades das atividades diárias.

Os pescadores, por exemplo, usam troncos para facilitar o deslizamento dos barcos. Eles fazem isso porque sabem que é mais fácil puxar ou empurrar um objeto se ele estiver apoiado sobre outro que rola.

▶ Pescadores empurrando barco da praia para o mar em São Miguel dos Milagres, Alagoas.

A descoberta de diferentes materiais e a criação de ferramentas e de objetos como a roda foram modificando a maneira como as pessoas vivem.

Como o ser humano está sempre criando e buscando novos equipamentos que facilitem sua vida, ele vem aperfeiçoando o que já existia antes.

Observe um exemplo de evolução em uma **ferramenta** básica: o machado.

Glossário

Ferramenta: objeto que possibilita ou facilita o trabalho.

Você sabe para que serve um machado? Por ser mais duro que a madeira, uma de suas utilidades é ajudar a cortá-la em partes menores, que podem ser aproveitadas na construção de casas ou fornos à lenha.

▶ Antigamente, os machados eram feitos com uma pedra amarrada em um pedaço de madeira.

▶ Hoje os machados são feitos de ferro, presos a um cabo de madeira.

Chamando para o debate

Os **avanços tecnológicos** e as invenções, além de facilitarem a vida das pessoas, mudaram seus hábitos.

O machado, por exemplo, ajuda no corte da madeira, mas exige que o ser humano faça muita força, a chamada força humana. Por isso, após um tempo, foi criada a motosserra, que realiza o mesmo trabalho, mas usando menos força humana.

> **Glossário**
>
> **Avanço tecnológico:** criação e aperfeiçoamento de instrumentos e máquinas de acordo com o aumento do conhecimento humano.

Analise as fotografias a seguir e discuta com os colegas e o professor as mudanças provocadas pela motosserra.

▶ Indígena cortando árvore com machado. Parque Indígena do Xingu, Querência, Mato Grosso, jul. 2009.

▶ Trabalhador cortando troncos de pinus e eucalipto com motosserra. Imbituba, Santa Catarina, out. 2016.

1 Discutam vantagens e desvantagens da motosserra, quando comparada ao machado. Será que esses objetos causam os mesmos efeitos na natureza?

Atividades

1 Observe a imagem do meio de transporte ao lado. Ele passou por diversos avanços tecnológicos que fizeram com que se tornasse mais confortável e produzisse menos material poluente, entre outras melhorias. Observando a imagem, identifique alguns materiais de que ele é feito e algumas propriedades desses materiais.

▶ Ônibus movido a biodiesel e eletricidade.

_____

_____

_____

2 Escolha uma invenção que você considera importante e imagine como ela seria no futuro, e quais materiais seriam usados. Desenhe no espaço abaixo como ela seria.

111

CAPÍTULO 4 — As invenções na vida das pessoas

Invenções na comunicação

Você conhece a Língua Brasileira de Sinais, a Libras?

Ela é utilizada na comunicação com pessoas que não conseguem ouvir ou ouvem muito pouco os sons, ou seja, têm deficiência auditiva.

Nesse tipo de comunicação cada letra do alfabeto é representada por sinais feitos com as mãos. Observe:

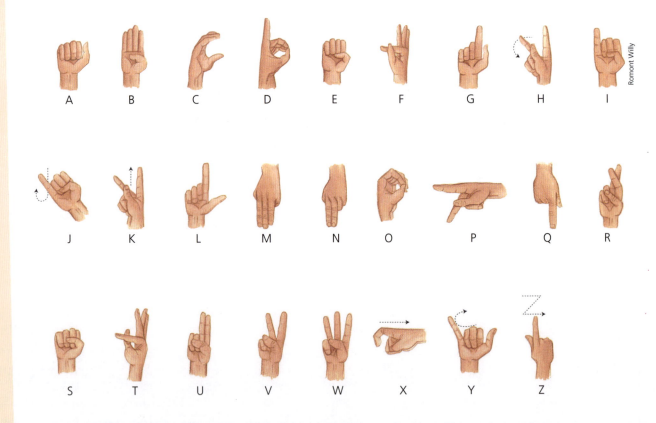

1 Usando a língua de sinais, comunique seu nome a um colega.

2 Escolha uma palavra de que você goste e comunique-a aos colegas usando a língua de sinais.

Invenções ajudam as pessoas

Na atividade anterior, você viu que o ser humano não inventa somente máquinas e instrumentos, ele inventa também técnicas para se comunicar, como a linguagem de sinais.

Outra invenção que facilita a comunicação entre as pessoas são os **aparelhos auditivos**, que ajudam as pessoas a ouvir melhor.

▶ Pessoa, em 1959, utilizando aparelho auditivo de 1911.

▶ Pessoa utilizando aparelho auditivo moderno.

Algumas pessoas não podem andar ou têm dificuldade para fazer isso.

Observe alguns exemplos de invenções que facilitam o deslocamento dessas pessoas.

▶ A cadeira de rodas é usada por pessoas que não conseguem caminhar nem com o auxílio da muleta, pois algum problema impede que ela se apoie sobre as duas pernas. Essa cadeira também ajuda a transportar doentes.

▶ A prótese foi criada para substituir um membro não desenvolvido ou perdido em razão de algum problema, como acidente ou doença. Ela tem a função de promover o funcionamento do membro.

Essas invenções e muitas outras, como a escrita braile, ajudam a melhorar a qualidade de vida de muitas pessoas, dando a elas outras formas de comunicação, por meio do alfabeto de libras, dos aparelhos auditivos e visuais, entre outros; de locomoção, por meio de muletas, andadores, próteses e cadeiras de rodas.

Na prática

Você já teve ou tem alguma dificuldade de enxergar? É muito comum pessoas com dificuldade de enxergar: algumas não veem bem o que está perto; outras, o que está longe, entre outras dificuldades. Para solucionar esses problemas de visão, foram criadas lentes de correção de vários tipos.

Vamos construir um tipo de lente de forma simples e rápida?

Material:

- garrafa de plástico transparente, incolor, lisa e com tampa;
- água;
- jornal ou revista.

Procedimentos

1. Encha a garrafa completamente com água e feche-a bem para a água não vazar. Procure não deixar bolhas de ar dentro da garrafa.
2. Selecione um trecho do jornal ou da revista para você ler.
3. Coloque a garrafa sobre o trecho que você quer ler e role-a de um lado para outro.

Com base nos resultados da atividade, responda às questões.

1 O que aconteceu com o tamanho das letras do trecho que você leu?

_____

2 Como a lente construída poderia ser útil para as pessoas?

_____
_____

Atividades

As imagens não estão representadas na mesma proporção.

1 Ligue as fotografias ao nome dos aparelhos que podem auxiliar a pessoa da imagem.

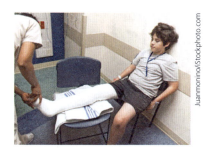  

prótese   cadeira de rodas   muleta

2 Qual foi o benefício dessas invenções para os animais abaixo?

 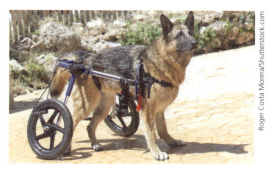

▶ Pássaro com prótese no bico.   ▶ Cachorro com cadeira de rodas.

3 Abaixo, a imagem da esquerda mostra como é a visão de uma pessoa com dificuldade de focalizar os objetos. A imagem da direita mostra como fica a visualização após a pessoa utilizar um invento. Qual é ele? Que benefícios ele traz às pessoas com dificuldade de enxergar?

Como eu vejo
Evitando acidentes

Reúna-se em dupla com um colega. Cada um de vocês ficará com um pino e um dado. Um jogador por vez lançará o dado e andará o número de casas indicadas nele.
Neste jogo, vocês conhecerão outras dicas importantes para evitar acidentes!

12 Solte pipas somente em espaços abertos, como parques e campos, e nunca perto de fios elétricos. **Avance 1 casa.**

10 Não mexa com fogo, você pode se queimar. **Volte uma casa.**

INÍCIO

2 Nunca entre em rio, mar ou piscina sem a supervisão de um adulto. Fique uma rodada sem jogar para aguardar um adulto.

3 O pai de Catarina olhou bem para os dois lados, usou a faixa de segurança e segurou a mão da menina para atravessarem juntos a rua. **Avance 2 casas.**

Como eu transformo

Acidentes: é melhor prevenir

 Matemática   Geografia   Língua Portuguesa

O que vamos fazer?

Uma lista de situações em que pode haver risco de acidentes na escola ou perto dela e possíveis soluções.

Com quem fazer?

Com os colegas, o professor e outros funcionários da escola.

Para que fazer?

Para identificar situações que tragam risco à segurança física das pessoas e contribuir para resolvê-las.

Como fazer?

1. Entrevistem pessoas da escola para descobrir quem já sofreu algum acidente no ambiente escolar ou no trajeto para a escola.

2. Registrem as informações das entrevistas na tabela que o professor entregará à turma.

▶ Pessoas atravessando a rua na faixa de pedestres.

3. Com o professor e os colegas, reúnam as informações e façam na lousa um gráfico da quantidade de acidentes.

4. Analisem juntos as informações do gráfico e decidam o que melhorar na escola e no entorno dela para evitar acidentes.

5. Quem é o responsável pela manutenção da escola e das áreas próximas a ela? Com o professor e os colegas, pesquisem essa informação.

6. Juntos, escrevam uma carta e um *e-mail* para cada pessoa responsável pelas melhorias. Na carta, contem a ela o resultado da pesquisa e, se possível, proponham soluções.

Você achou importante participar desta atividade? Por quê?

Hora da leitura

Pedra, papel e tesoura

Em Pedra, Papel, Tesoura
Simultaneamente a mão
De cada um jogador
Se estica na ocasião
Para ver qual que ganhou
Conforme for sua ação

É tesoura se botarmos
Os dois dedos esticados
De punho fechado é pedra
Assim são classificados
Com a mão aberta, papel
São estes valores dados

Pedra ganha de tesoura
Amassando ou quebrando
E a tesoura desta feita
Ganha do papel cortando
O papel ganha da pedra
Pegando a pedra e embrulhando.

▶ Pedra ganha da tesoura.

▶ Papel ganha da pedra.

▶ Tesoura ganha do papel.

Abdias Campos. *Cordel infantil, brincadeiras populares*.
Recife: Folhetaria Campos de Versos, 2012.

1. Descreva as propriedades de cada um dos três itens da brincadeira.

   _____

   _____

2. Explique por que a pedra ganha da tesoura, a tesoura ganha do papel e o papel ganha da pedra comparando as propriedades que você descreveu na atividade anterior.

3. Em dupla, joguem conforme as regras descritas no poema.

Revendo o que aprendi

1 Marque com **X** o material que é mais adequado para fazer uma camiseta. Explique sua escolha.

▶ Tecido.

▶ Metal.

▶ Vidro.

_____

_____

2 Ligue cada objeto a sua utilidade, de acordo com a transparência do material.

a)

Usado em boxe de banheiro.

b)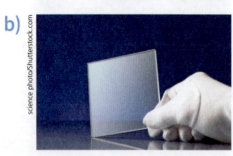

Usado em janelas através das quais observamos a paisagem.

c)

Usado na construção das paredes de uma casa para garantir proteção e privacidade.

3. Dorinha, personagem da Turma da Mônica, não consegue enxergar, mas tem a capacidade de reconhecer os colegas por meio dos outros sentidos.

a) Quais sentidos ela usou para reconhecer o Cascão? Por que ela se espantou com o cheiro dele?

b) Que objeto Dorinha usa para se deslocar com mais segurança?

4. Observe as fotografias a seguir e escreva o nome dos aparelhos que ajudam as pessoas (indicados por setas).

a)

b)

c)

- Como essas invenções ajudam as pessoas?

Nesta unidade vimos

- Os materiais têm características e usos diferentes dependendo de sua dureza, transparência e capacidade de aquecimento.
- Alguns materiais são inflamáveis e é preciso ter cuidado para não provocar um incêndio ou se queimar ao utilizá-los. Outros materiais são cortantes e devem ser usados e descartados com cuidado.
- Os seres humanos inventam objetos ao buscar soluções práticas para problemas cotidianos.
- Invenções como aparelhos auditivos, lentes e próteses auxiliam pessoas com dificuldades de audição, visão e locomoção.

▶ Panela de ferro, exemplo de material que aquece rápido, conforme visto na página 101.

▶ Copo de vidro quebrado, exemplo de material cortante, conforme visto na página 105.

▶ Pessoa com aparelho auditivo, conforme visto na página 113.

Para finalizar, responda:

- Quais características dos materiais são importantes e precisam ser consideradas ao se fabricar um objeto?
- Que atitudes podemos tomar para evitar acidentes?
- Qual é a importância das invenções no dia a dia das pessoas?

Para ir mais longe

Livros

▶ **De onde vem a televisão?**, de Celia Catunda, Fernando Salem e Kiko Mistrorigo. São Paulo: Panda Books, 2007.

O livro mostra como eram os primeiros aparelhos de TV, os programas antigos e a TV em preto e branco por meio da aventura de Kika, uma menina inteligente e curiosa.

▶ **Cuidado com os óculos!**, de Marcelo Aouila. Rio de Janeiro: Livros Ilimitados, 2013.

O livro conta a história de um garoto chamado Marcelo, que tem problemas para enxergar. O médico lhe diz que tem de usar óculos. A partir de então, ele descobre um mundo diferente.

Filme

▶ **Operação Big Hero**. Direção de Don Hall e Chris Williams. Estados Unidos: Walt Disney Animation Studios, 2014, 104 min.

Hiro é um garoto muito inteligente que faz amizade com um robô inflável criado por seu irmão Tadashi.

Site

▶ **Dicionário da Língua Brasileira de Sinais – Libras**: <www.ines.gov.br/dicionario-de-libras/main_site/libras.htm>.

Site em que é possível procurar – por assunto e por ordem alfabética – como são comunicadas diversas palavras em Libras.

Visitação

▶ **Espaço Ciência. Olinda, Pernambuco**.
Mais informações em: <www.espacociencia.pe.gov.br>.

Centro de exposições com experimentos interativos, planetário e trilha ecológica.

▶ **Guia de Centros e Museus de Ciências do Brasil – 2015**. Para outros museus brasileiros, consulte: <www.casadaciencia.ufrj.br/Publicacoes/guia/Files/guiacentrosciencia2015.pdf>.

ATIVIDADES PARA CASA

UNIDADE 1

CAPÍTULO 1: COMPONENTES DO AMBIENTE

1. ENCONTRE NO DIAGRAMA AS SEGUINTES PALAVRAS: ÁGUA, AR, ROSEIRA, GOLFINHO, CAVALO, LUZ E SOLO.

   CIRCULE DE VERDE AS QUE REPRESENTAM SERES VIVOS. E DE MARROM AS QUE REPRESENTAM COMPONENTES NATURAIS NÃO VIVOS.

S	R	A	N	D	E	Á	G	U	A	D	O	L	P	O	A
O	D	E	L	E	C	A	V	A	L	O	C	U	L	O	R
L	F	G	O	L	F	I	N	H	O	A	V	Z	U	T	E
O	H	J	R	O	S	E	I	R	A	A	X	S	T	R	P

2. DESENHE UM SER VIVO QUE PODE SER ENCONTRADO EM UM JARDIM.

124

CAPÍTULO 2: DIFERENTES AMBIENTES

1 DESENHE NOS ESPAÇOS A SEGUIR UM EXEMPLO DE AMBIENTE AQUÁTICO E OUTRO TERRESTRE.

2 OBSERVE AS FOTOGRAFIAS E ESCREVA **T** NO AMBIENTE TERRESTRE, **A** NO AMBIENTE AQUÁTICO, **N** NO AMBIENTE NATURAL E **M** NO AMBIENTE MODIFICADO PELO SER HUMANO.

_____   _____

3 ESCREVA O NOME DE DOIS SERES VIVOS QUE PODEM SER ENCONTRADOS EM CADA UM DOS AMBIENTES DAS FOTOGRAFIAS ACIMA.

_____

_____

CAPÍTULO 3: O SOL E AS SOMBRAS

1 OBSERVE AS IMAGENS E CIRCULE AQUELA QUE MOSTRA O LOCAL AO MEIO-DIA.

EXPLIQUE COMO VOCÊ CONSEGUIU RECONHECER A IMAGEM CORRETA.

_____

_____

2 OBSERVE AS IMAGENS E FAÇA UM **X** NOS LADOS EM QUE FICARÃO AS SOMBRAS.

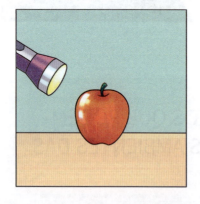 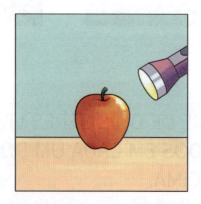 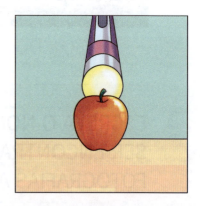

3 O QUE É NECESSÁRIO PARA QUE SE FORMEM SOMBRAS?

_____

CAPÍTULO 4: O CALOR DO SOL

1 ANALISE AS SITUAÇÕES A SEGUIR E RESPONDA ÀS PERGUNTAS.

A) QUAL DAS CRIANÇAS DA CENA **A** PROVAVELMENTE SENTIRÁ MAIS CALOR? POR QUÊ?

_____

_____

B) QUAL DAS CRIANÇAS DA CENA **B** SENTIRÁ MAIS CALOR NOS PÉS? POR QUÊ?

_____

_____

C) QUAL LOCAL DA CENA **C** ESTÁ MAIS QUENTE: A AREIA OU A ÁGUA DO MAR? POR QUÊ?

_____

_____

2 ESCREVA TRÊS CUIDADOS ESSENCIAIS QUE DEVEM SER TOMADOS ANTES DE SE EXPOR AO SOL.

_____

Unidade 2

Capítulo 1: Os animais

1 Leia as descrições dos animais a seguir e classifique-os como silvestres ou domesticados.

   a) A águia gosta de caçar pequenos animais e vive livre, em

   áreas bem abertas. _____

   b) A vaca habita uma fazenda onde as pessoas a alimentam,

   cuidam dela e tiram seu leite. _____

2 Observe as fotos e escreva abaixo de cada uma delas o cuidado que as pessoas estão tendo com seus animais de estimação.

a)

c)

b)

d)

Capítulo 2: Conhecendo mais os animais

1 Complete as frases a seguir.

a) O ambiente em que o ser vive chama-se

H _____ B _____ T _____ T.

b) Os animais que vivem em ambientes como o lago são

chamados _____ Q _____ _____ T _____ C _____ S.

c) Os animais T _____ R R _____ S T R _____ S vivem em ambientes como o solo.

2 Numere as imagens na ordem correta dos acontecimentos. Depois complete as frases.

a)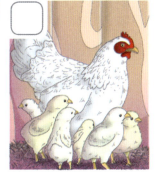

b)

a) Os pintinhos nascem de _____.

b) Os cavalinhos nascem da _____.

Capítulo 3: Animais em extinção

1 Pinte os quadradinhos que representam causas da extinção dos animais.

☐ derrubada das matas

☐ reflorestamento

☐ caça e tráfico de animais

☐ poluição dos ambientes

☐ doenças e falta de alimentos

2 Leia o texto e responda às questões.

O mico-leão-dourado, encontrado na Mata Atlântica na região do Rio de Janeiro, começou a ser extinto por conta da devastação de seu hábitat e do tráfico para vendê-lo aos zoológicos. [...] Um dos métodos de proteção é a criação em cativeiro para sua reprodução e programas de educação ambiental que permitem aos animais voltarem ao seu hábitat.

Como evitar a extinção dos animais? *Pensamento Verde*, 7 fev. 2014. Disponível em: www.pensamentoverde.com.br/meio-ambiente/evitar-extincao-animais. Acesso em: 8 fev. 2019.

a) Quais as principais causas da ameaça de extinção do mico-leão-dourado?

_____

b) Que atitudes podem contribuir para proteger o mico-leão-dourado e evitar que ele seja extinto?

☐ Reprodução em cativeiro.

☐ Desmatamento.

☐ Educação ambiental.

☐ Combate ao tráfico de animais.

Capítulo 4: Seres humanos também são animais

1. Em sua opinião, o que as imagens e a frase informam sobre saúde? Responda no caderno.

   Use a energia de seu corpo, esqueça um pouco as máquinas!

2. Você convive com pessoas que estão em diferentes fases da vida, não é mesmo? Cite o nome e a idade de uma dessas pessoas para cada fase indicada a seguir e escreva qual é sua relação com ela.

   Exemplo: Infância: Mirela, 5 anos, minha irmã.

   Infância: _____

   Adolescência: _____

   Idade adulta: _____

   Velhice: _____

Unidade 3

Capítulo 1: As plantas

1 Observe a imagem, circule as plantas terrestres e marque um **X** nas plantas aquáticas.

2 Complete as frases com as palavras do quadro.

> protegem   sombra   alimento   vento
> abrigo   fresco   chuva

a) As plantas servem de _____ para animais e seres humanos.

b) As árvores formam _____, onde podemos ficar em dias muito quentes, e deixam o ambiente mais _____.

c) Muitos animais vivem nas árvores, que lhes servem de _____.

d) As plantas _____ o solo e evitam que ele sofra o desgaste provocado pela _____ e pelo _____.

Capítulo 2: As plantas e suas partes

1 Identifique as partes da planta indicadas pelos números. Depois, preencha o quadro com os números correspondentes às partes responsáveis pelas funções da planta.

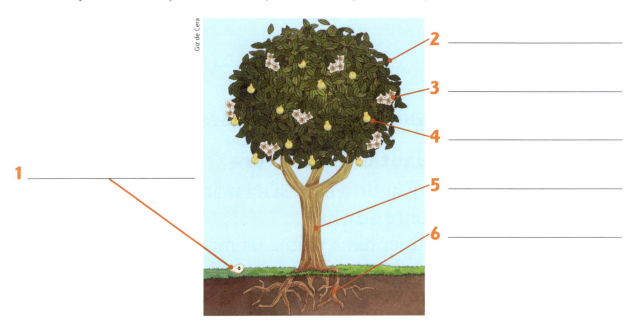

Sensações	Órgão
	reprodução
	fixação e absorção de nutrientes
	sustentação e distribuição de substâncias
	proteção e dispersão de sementes
	produção de alimentos para a planta
	origem de uma nova planta

2 Escreva o nome de duas plantas utilizadas na nossa alimentação e identifique qual parte da planta é.

_____

_____

133

Capítulo 3: Desenvolvimento das plantas

1 Assinale com **X** aquilo de que a planta precisa para viver.

☐ água ☐ nutrientes

☐ luz solar ☐ sombra

☐ silêncio ☐ gases presentes no ar

2 Leia o poema a seguir e faça as atividades.

Receita de plantar uma árvore
Bem cedinho quando a estrela da manhã
Ainda toma conta do céu
Cantar uma semente na palma da mão
Como cantam as águas quando acordam
Plantar a semente e seu futuro
De **folhas e frutos**
De **sombra ao meio-dia**
Adivinhar na semente a seiva
O barulho do tempo

Roseana Murray. *Receitas de olhar*. São Paulo: FTD, 1999. p. 36. (Grifo nosso).

a) Desenhe no caderno o desenvolvimento de uma planta, considerando as três etapas destacadas no texto.

b) O que significa "plantar a semente e seu futuro"?

_____

_____

3 Qual é a importância do Sol para as plantas?

_____

Capítulo 4: Relações na natureza

1. Há uns 200 anos, nosso planeta, a Terra, tinha muito mais plantas do que hoje. Com o tempo, os ambientes naturais foram modificados pelos seres humanos para satisfazer suas necessidades. Compare os mapas a seguir. O que ocorreu? Responda no caderno.

Fonte: SOS Mata Atlântica. Disponível em: <http://mapas.sosma.org.br/>. Acesso em: 12 abr. 2019.

2. Observe a foto e explique a relação entre os seres vivos e os componentes naturais não vivos do ambiente.

Unidade 4

Capítulo 1: Propriedades dos materiais

1 Complete o esquema.

a) Panelas podem ser feitas de metais como:

b) Panelas não podem ser feitas de:

c) Em relação à passagem de luz, os materiais podem ser:

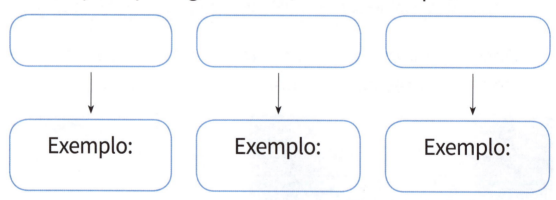

2 Observe a bicicleta, circule uma parte dela que é feita com material resistente e faça um **X** onde encontramos um material flexível.

Capítulo 2: Prevenção de acidentes

1 A imagem a seguir mostra um símbolo que indica perigo. Explique o que ele significa.

_____

_____

_____

2 Complete os diálogos na sequência de imagens.

3 Escreva três cuidados que devemos ter para evitar acidentes.

_____

_____

Capítulo 3: Por que as pessoas inventam coisas?

1. A bicicleta é um importante invento. Ela trouxe muitos benefícios para as pessoas.

   Para fazê-la funcionar, é necessário roda e roldana. Na sequência de sombras, apenas uma corresponde exatamente à imagem da bicicleta. Descubra qual é.

   Qual vantagem da bicicleta você considera a mais importante?

   _____
   _____
   _____

Capítulo 4: As invenções na vida das pessoas

1 Observe as imagens a seguir. Crie uma legenda para elas e depois circule a invenção que não é tão usada atualmente.

_____   _____   _____

2 A sociedade deve garantir acessibilidade a todas as pessoas. Analise a situação mostrada na charge e responda às questões.

a) O que impediu o cadeirante de chegar ao local do anúncio de emprego?

_____

b) O que precisa ser mudado para que o personagem tenha acesso ao local de emprego?

_____

_____

Referências

BARBOSA, Déborah Márcia de Sá; BARBOSA, Arianne de Sá. Como deve acontecer a inclusão de crianças especiais nas escolas. In: ENCONTRO DE PESQUISA EM EDUCAÇÃO DA UNIVERSIDADE FEDERAL DO PIAUÍ, 3., 2004, Teresina. *Anais...* Disponível em: <http://leg.ufpi.br/subsiteFiles/ppged/arquivos/files/GT8.PDF>. Acesso em: 26 abr. 2019.

BOLONHINI JR., Roberto. *Portadores de necessidades especiais*: as principais prerrogativas dos portadores de necessidades especiais e a legislação brasileira. São Paulo: Arx, 2004.

BRASIL. Congresso Nacional. Câmara dos Deputados. *Estatuto da criança e do adolescente*. 15. ed. Brasília: Edições Câmara, 2015 [1990].

_____. Ministério da Educação. *Base Nacional Comum Curricular*. Brasília, 2017.

_____. Ministério da Educação. Secretaria de Educação Básica. Diretoria de Currículos e Educação Integral. *Diretrizes Curriculares Nacionais da Educação Básica*. Brasília, 2013.

CACHAPUZ, António (Org.) et al. *A necessária renovação do ensino das Ciências*. São Paulo: Cortez, 2011.

CANIATO, Rodolpho. *O céu*. São Paulo: Átomo, 2011.

COLL, C.; PALACIOS, J.; MARCHESI, A. (Org.). *Desenvolvimento psicológico e educação*. Porto Alegre: Artes Médicas, 1995.

DORNELLES, Leni Vieira; BUJES, Maria Isabel E. (Org.). *Educação e infância na era da informação*. Porto Alegre: Mediação, 2012.

FRAIMAN, Leonardo de Perwin e. *A importância da participação dos pais na educação escolar*. São Paulo. Dissertação (Mestrado em Psicologia) – Instituto de Psicologia da Universidade de São Paulo. Disponível em: <http://docplayer.com.br/336142-Leonardo-de-perwin-e-fraiman-a-importancia-da-participacao-dos-pais-na-educacao-escolar.html>. Acesso em: 26 abr. 2019.

FREIRE, Paulo. *Educação como prática da liberdade*. 32. reimp. Rio de Janeiro: Paz e Terra, 2009.

GOLEMAN, D. *Inteligência emocional*: a teoria revolucionária que redefine o que é ser inteligente. Rio de Janeiro: Objetiva, 1995.

LAMPERT, Ernani (Org.). *Educação, cultura e sociedade*: abordagens múltiplas. Porto Alegre: Sulina, 2004.

LA TAILLE, Yves de; OLIVEIRA, Marta Kohl de. *Piaget, Vygotsky, Wallon*: teorias psicogenéticas em discussão. São Paulo: Summus, 1992.

MAGDALENA, Beatriz Corso; COSTA, Íris Elizabeth Tempel. *Internet em sala de aula*: com a palavra, os professores. Porto Alegre: Artmed, 2003.

MOREIRA, Marco A. *A teoria da aprendizagem significativa e sua implementação em sala de aula*. Brasília: Editora da UnB, 2006.

MORETTO, Vasco P. Reflexões construtivistas sobre habilidades e competências. *Dois Pontos*: Teoria & Prática em Gestão, v. 5, n. 42, p. 50-54, 1999.

SANTOS, W. L. P. Educação científica na perspectiva de letramento como prática social: funções, princípios e desafios. *Revista Brasileira de Educação*, Rio de Janeiro, v. 12, n. 36, dez. 2007. Disponível em: <www.scielo.br/pdf/rbedu/v12n36/a07v1236.pdf>. Acesso em: 26 abr. 2019.

SCHIEL, Dietrich; ORLANDI, Angelina Sofia (Org.). *Ensino de Ciências por investigação*. São Carlos: Centro de Divulgação Científica e Cultural/USP, 2009.

SCHROEDER, Carlos. Atividades experimentais de Física para crianças de 7 a 10 anos. *Textos de apoio ao professor de Física*. Porto Alegre: UFRGS, Instituto de Física, n. 16, 2005.

TEIXEIRA, Wilson e outros. *Decifrando a Terra*. 2. ed. São Paulo: Companhia Editora Nacional, 2009.

TORTORA, Gerard J. *Corpo humano*: fundamentos de anatomia e fisiologia. 8. ed. Porto Alegre: Artmed, 2010.

TOWNSEND, Colin R.; BEGON, Michael; HARPER, John L. *Fundamentos em Ecologia*. 3. ed. Porto Alegre: Artmed, 2010.

Encartes

PEÇAS PARA A ATIVIDADE 1 DA PÁGINA 12.

Ilustrações: Michel Borges

As imagens não estão representadas na mesma proporção.

141

PEÇAS PARA A ATIVIDADE 3 DA PÁGINA 81.

As proporções entre as estruturas representadas não são as reais.

Recortar

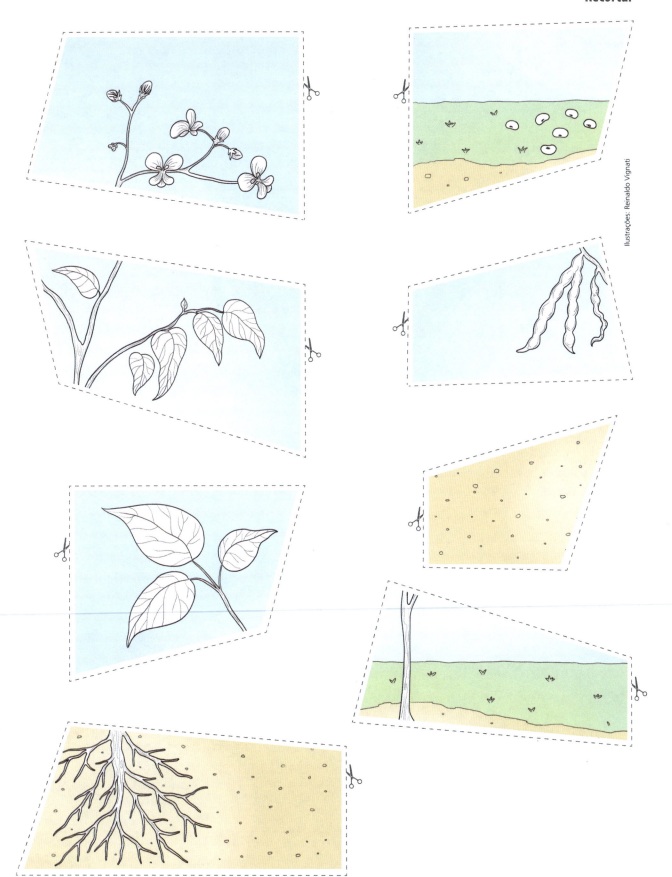

143